崇文国学经典

周易

曾凡朝 译注

微信/抖音扫码查看

☑ 国学大讲堂
☑ 经典名句摘抄
☑ 国学精粹解读

图书在版编目（CIP）数据

周易 / 曾凡朝译注. -- 武汉：崇文书局，2023.4
（崇文国学经典）
ISBN 978-7-5403-7148-7

Ⅰ. ①周… Ⅱ. ①曾… Ⅲ. ①《周易》—译文②《周易》—注释 Ⅳ. ①B221

中国国家版本馆CIP数据核字（2023）第041576号

出 品 人	韩　敏
丛书统筹	李慧娟
责任编辑	李慧娟
责任校对	董　颖
装帧设计	甘淑媛
责任印制	李佳超

周易
ZHOUYI

出版发行	长江出版传媒　崇文书局
地　　址	武汉市雄楚大街268号C座11层
电　　话	（027）87677133　邮政编码　430070
印　　刷	湖北新华印务有限公司
开　　本	880mm×1230mm　1/32
印　　张	10.875
字　　数	265千
版　　次	2023年4月第1版
印　　次	2023年4月第1次印刷
定　　价	49.00元

（如发现印装质量问题，影响阅读，由本社负责调换）

本作品之出版权（含电子版权）、发行权、改编权、翻译权等著作权以及本作品装帧设计的著作权均受我国著作权法及有关国际版权公约保护。任何非经我社许可的仿制、改编、转载、印刷、销售、传播之行为，我社将追究其法律责任。

崇 文 国 学 经 典

总　序

现代意义的"国学"概念,是在19世纪西学东渐的背景下,为了保存和弘扬中国优秀传统文化而提出来的。1935年,王缁尘在世界书局出版了《国学讲话》一书,第3页有这样一段说明:"庚子义和团一役以后,西洋势力益膨胀于中国,士人之研究西学者日益众,翻译西书者亦日益多,而哲学、伦理、政治诸说,皆异于旧有之学术。于是概称此种书籍曰'新学',而称固有之学术曰'旧学'矣。另一方面,不屑以旧学之名称我固有之学术,于是有发行杂志,名之曰《国粹学报》,以与西来之学术相抗。'国粹'之名随之而起。继则有识之士,以为中国固有之学术,未必尽为精粹也,于是将'保存国粹'之称,改为'整理国故',研究此项学术者称为'国故学'……"从"旧学"到"国故学",再到"国学",名称的改变意味着褒贬的不同,反映出身处内忧外患之中的近代诸多有识之士对中国优秀传统文化失落的忧思和希望民族振兴的宏大志愿。

　　从学术的角度看,国学的文献载体是经、史、子、集。崇文书局的这一套国学经典,就是从传统的经、史、子、集中精选出来的。属于经部的,如《诗经》《论语》《孟子》《周易》《大学》《中庸》《左传》;属于史部的,如《史记》《三国志》《资治通鉴》《徐霞客游记》;属于子部的,如《道德经》《庄子》《孙子兵法》《山海经》《黄帝内经》《世说新语》《茶经》《容斋随笔》;属于集部的,如《楚辞》《古诗十九首》《乐府诗选》《古文观止》。这套书内容丰富,而分量适中。一个希望对中国优秀传统文化有所了解的人,读了这些书,一般说来,犯常识性错误的可能性就很小了。

崇文书局之所以出版这套国学经典,不只是为了普及国学常识,更重要的目的是,希望有助于国民素质的提高。在国学教育中,有一种倾向需要警惕,即把中国优秀的传统文化"博物馆化"。"博物馆化"是20世纪中叶美国学者列文森在《儒教中国及其现代命运》中提出的一个术语。列文森认为,中国传统文化在很多方面已经被博物馆化了。虽然中国传统的经典依然有人阅读,但这已不属于他们了。"不属于他们"的意思是说,这些东西没有生命力,在社会上没有起到提升我们生活品格的作用。很多人阅读古代经典,就像参观埃及文物一样。考古发掘出来的珍贵文物,和我们的生命没有多大的关系,和我们的生活没有多大关系,这就叫作博物馆化。"博物馆化"的国学经典是没有现实生命力的。要让国学经典恢复生命力,有效的方法是使之成为生活的一部分。崇文书局之所以坚持经典普及的出版思路,深意在此,期待读者在阅读这些经典时,努力用经典来指导自己的内外生活,努力做一个有高尚的人格境界的人。

国学经典的普及,既是当下国民教育的需要,也是中华民族健康发展的需要。章太炎曾指出,了解本民族文化的过程就是一个接受爱国主义教育的过程:"仆以为民族主义如稼穑然,要以史籍所载人物制度、地理风俗之类为之灌溉,则蔚然以兴矣。不然,徒知主义之可贵,而不知民族之可爱,吾恐其渐就萎黄也。"(《答铁铮》)优秀的传统文化中,那些与维护民族的生存、发展和社会进步密切相关的思想、感情,构成了一个民族的核心价值观。我们经常表彰"中国的脊梁",一个毋庸置疑的事实是,近代以前,"中国的脊梁"都是在传统的国学经典的熏陶下成长起来的。所以,读崇文书局的这一套国学经典普及读本,虽然不必正襟危坐,也不必总是花大块的时间,更不必像备考那样一字一句锱铢必较,但保持一种敬重的心态是完全必要的。

期待读者诸君喜欢这套书,期待读者诸君与这套书成为形影相随的朋友。

陈文新

(教育部长江学者特聘教授,武汉大学杰出教授)

崇 文 国 学 经 典

前　言

　　《易经》本为卜筮之书,它不仅有用于占验的深奥晦涩的文字语言,而且还有一套与文辞相关、极为严密、高度抽象的卦画符号系统,将外在的迷信形式和深邃的哲理内容结合在一起,显示出其独特的魅力。这些特点使《易经》成为我国传统文化典籍中非常有特色、非常难懂的著作之一。

　　严格地说,《易经》应指成书于殷周之际的《周易》本经,而不应包括战国以解释《周易》为宗旨的《易传》。但是,战国时期的文化典籍,如《庄子》《荀子》在称"易"时就已包括了《周易》和《易传》。到了西汉,汉武帝"罢黜百家,独尊儒术",把孔子儒家的著作称为"经"。《周易》和《易传》被合称为《易经》,或直接称为《易》。本书书名仍为《周易》,内容既包含了六十四卦及其卦爻辞,又包含了直接对六十四卦及其卦爻辞进行解释的《文言》《彖》和《象》,另将《系辞上》《系辞下》《说卦》《序卦》《杂卦》附录于后。

　　《易经》是中华文化的源头活水,对中华文明的形成与发展产生了极其深刻的影响。儒家把《易经》尊为五经之首(五经:《易》《书》《诗》《礼》《春秋》),道家以它为三玄之一(三玄:《老》《庄》《易》)。

本为卜筮之书的《易经》，经孔子及其后人的诠释和阐发，被注入了浓厚的儒家思想，包涵了博大精深的哲理。它致广大而尽精微，包罗万物万象，涵括万事万理，形成了"易道广大，无所不包"的特殊文化现象。汉代独尊儒术，《易经》因儒家整理和诠释被尊奉为群经之首、大道之源，变成了一部修身养性、治国平天下的官学和时人入仕晋升、谋求富贵的台阶。自此，《易经》学说随着经学的发展而久传不衰，历代的研《易》流派都把《易经》与当时的社会思想紧密结合而愈演愈繁。同时，《易经》作为民间的卜筮之书和官学的哲学典籍渗透到中国社会的各个层面，对中国古代的哲学、宗教、伦理、心理、科技和风俗习惯等社会各个层面的形成和发展发挥了巨大作用。弘扬中华优秀传统文化，首当重视对其"源头活水"的解读和认识。

《易经》文简意深，文字古繁，今人不易理会读懂。从古至今，研读《易经》的人千千万万，可是谁也不敢说、谁也不会说已经完全读懂了《易经》。西方人讲："有一千个观众，就有一千个哈姆雷特。"《易经》曰："仁者见之谓之仁，知者见之谓之知。"

受林忠军教授的提携，本人有幸进入易学与中国古代哲学研究中心攻读中国哲学专业易学哲学方向的博士学位，学位虽已取得，大易之旨难悟。刘大钧教授和林忠军教授对我耳提面命，厚爱有加，因本人才智驽钝，学道时短，对博大精深的易学参悟缓慢，常愧对于谆谆教导的刘大钧先生和林忠军业师，这本著作算是自己学《易》的一点凝结和一己之见吧。

在版本上，本书以中华书局影印《十三经注疏·周易正义》为底本，在对《易经》的翻译和解释中，对业师刘大钧教授和林忠军教授著的《周易古经白话解》（山东友谊书社1989年版）、《周易传文白话解》（山东友谊书社1993年版）多有采用，并参阅了其他众多翻译版本，在此一并致以诚挚的谢意。本人虽倍加努力，但因才疏学浅，错误纰漏难以避免，敬请广大读者批评指正。

目录

乾卦第一
☰ 乾下乾上 …………… 1
坤卦第二
☷ 坤下坤上 …………… 14
屯卦第三
䷂ 震下坎上 …………… 22
蒙卦第四
䷃ 坎下艮上 …………… 27
需卦第五
䷄ 乾下坎上 …………… 32
讼卦第六
䷅ 坎下乾上 …………… 37
师卦第七
䷆ 坎下坤上 …………… 42
比卦第八
䷇ 坤下坎上 …………… 47

小畜卦第九
䷈ 乾下巽上 …………… 52
履卦第十
䷉ 兑下乾上 …………… 56
泰卦第十一
䷊ 乾下坤上 …………… 61
否卦第十二
䷋ 坤下乾上 …………… 67
同人卦第十三
䷌ 离下乾上 …………… 72
大有卦第十四
䷍ 乾下离上 …………… 77
谦卦第十五
䷎ 艮下坤上 …………… 82
豫卦第十六
䷏ 坤下震上 …………… 87

1

随卦第十七

☷ 下震上兑 …………… 92

蛊卦第十八

☶ 巽下艮上 …………… 97

临卦第十九

☷ 兑下坤上 …………… 102

观卦第二十

☴ 坤下巽上 …………… 107

噬嗑卦第二十一

☲ 震下离上 …………… 112

贲卦第二十二

☶ 离下艮上 …………… 117

剥卦第二十三

☶ 坤下艮上 …………… 122

复卦第二十四

☷ 震下坤上 …………… 127

无妄卦第二十五

☰ 震下乾上 …………… 132

大畜卦第二十六

☶ 乾下艮上 …………… 136

颐卦第二十七

☶ 震下艮上 …………… 141

大过卦第二十八

☱ 巽下兑上 …………… 145

坎卦第二十九

☵ 坎下坎上 …………… 150

离卦第三十

☲ 离下离上 …………… 155

咸卦第三十一

☱ 艮下兑上 …………… 160

恒卦第三十二

☳ 巽下震上 …………… 165

遯卦第三十三

☰ 艮下乾上 …………… 169

大壮卦第三十四

☳ 乾下震上 …………… 173

晋卦第三十五

☲ 坤下离上 …………… 178

明夷卦第三十六

☷ 离下坤上 …………… 183

家人卦第三十七

☴ 离下巽上 …………… 188

睽卦第三十八

☲ 兑下离上 …………… 193

蹇卦第三十九
䷦ 艮下坎上 …… 198

解卦第四十
䷧ 坎下震上 …… 202

损卦第四十一
䷨ 兑下艮上 …… 207

益卦第四十二
䷩ 震下巽上 …… 212

夬卦第四十三
䷪ 乾下兑上 …… 217

姤卦第四十四
䷫ 巽下乾上 …… 222

萃卦第四十五
䷬ 坤下兑上 …… 226

升卦第四十六
䷭ 巽下坤上 …… 231

困卦第四十七
䷮ 坎下兑上 …… 235

井卦第四十八
䷯ 巽下坎上 …… 240

革卦第四十九
䷰ 离下兑上 …… 245

鼎卦第五十
䷱ 巽下离上 …… 250

震卦第五十一
䷲ 震下震上 …… 255

艮卦第五十二
䷳ 艮下艮上 …… 261

渐卦第五十三
䷴ 艮下巽上 …… 266

归妹卦第五十四
䷵ 兑下震上 …… 271

丰卦第五十五
䷶ 离下震上 …… 276

旅卦第五十六
䷷ 艮下离上 …… 281

巽卦第五十七
䷸ 巽下巽上 …… 286

兑卦第五十八
䷹ 兑下兑上 …… 291

涣卦第五十九
䷺ 坎下巽上 …… 295

节卦第六十
䷻ 兑下坎上 …… 299

中孚卦第六十一

☱☴ 兑下巽上 ………… 303

小过卦第六十二

☶☳ 艮下震上 ………… 308

既济卦第六十三

☲☵ 离下坎上 ………… 313

未济卦第六十四

☵☲ 坎下离上 ………… 318

附　录

系辞上 ………… 323

系辞下 ………… 327

说　卦 ………… 331

序　卦 ………… 334

杂　卦 ………… 336

乾卦第一

䷀ 乾下乾上

【题解】

《易经》共有六十四卦。每一卦由六爻组成，凡阳爻都以"—"表示，称"九"；阴爻都以"--"表示，称"六"。六爻自下而上排列，爻位依次命名为"初、二、三、四、五、上"，象征事物发展由低到高、由微而著的过程。所以，凡阳爻依次称为"初九""九二""九三""九四""九五""上九"；阴爻依次称为"初六""六二""六三""六四""六五""上六"。

乾是本卦的卦名。乾下乾上，是对《乾》卦卦形符号的文字描述，说明它是由两个八经卦中的《乾》卦符号即☰组成的。这里说的上下，是指该卦的经卦符号的位置，六十四卦符号的文字说明皆以此为准。

《乾》卦取法象天。在古人看来，天是最大的阳，故《乾》卦作为《易经》六十四卦之首，以"天"为象征形象，揭示了"阳刚""强健"气质的本质作用及其发展变化的规律。

《乾》卦六爻皆为阳爻，内外卦皆为乾卦，说明此卦是刚强劲健之卦，整个卦爻辞都是围绕这个主题展开论述的。卦辞"元亨，利贞"揭示天道流行，万物始生而通达，故从占卦这个角度看也是个好兆头。《乾》卦从初爻到上爻全是阳爻，所以爻辞用象征阳刚的"龙"作为喻体，揭示阳刚在不同情况下所具有的不同意义与作用。初爻效法"潜龙"，不宜妄动；九二爻之时，龙出潜离隐，现于地上，可发挥作用，有所作为；九三为事物小成,但以阳居阳,当终日刚健自强,晚上仍心怀警惕,好像处于危险之地,不敢松懈;九四由内卦而入外卦,由贞而入于悔,由下而入于上,符示变化之道,并且四是多惧之地,是以阳爻居阴位,须小心谨慎,不可轻举妄动,实可进则进,不可进则退,故有龙飞跃在渊之象;九五刚健居中得正,又在君位,表明阳气自下而上,盛至于天,即龙高飞上天,象征圣人境界,腾越自由,恩泽广被。上九居极,事已终结,动而有悔。这就告诉人们:虽然要以自强不息、刚健有为的精神进取不懈,但是还要注意分析具体的条件,区分刚健有为有不同程度的差别,在不同条件下刚健有为所造成的后果各不相同。

【原文】

乾:元亨,利贞。

【译文】

《乾》卦:一开始就亨通,利于守持正固。

【原文】

《彖》曰:大哉乾元!万物资始,乃统天。云行雨施,品物流形,大明终始,六位时成,时乘六龙以御天。乾道变化,各正性命。保合太和,乃利贞。首出庶物,万国咸宁。

【译文】

《彖传》说:伟大啊,开创万物、充盈宇宙之间的乾元!正是因为有了开元肇始的乾元,宇宙万物才开始滋生创始。乾元统领着自然之天,是大千世界的主宰。气候变化,云气飘行,雨水普降,滋润万物,使自然万物更新周转、发展变化,各自壮大成形、不断繁衍。光辉灿烂的太阳不断升降、反复运转。《乾》卦六爻按不同的时位而形成,就像六条龙以时令运行于天、驾御天道一样,其变化反映着自然的变化发展,故应把握时机、应时而动。本于天的乾道以其自然时节变化,使万物得以各自完成其自然本性与内在命理,保全太和元气,才能利于守持正固、顺利发展。乾元周流不息、创生万物,使天下万方和谐安宁,永保和美顺昌。

【原文】

《象》曰:天行健,君子以自强不息。

【译文】

《大象传》说:《乾》卦上下"乾"均为"天"之象,天道刚健,运行不已。君子应效法天道,立身行事始终奋发图强,自强不息。

【原文】

初九:潜龙勿用。

《象》曰:"潜龙勿用",阳在下也。

【译文】

初九:潜伏之龙,应该养精蓄锐,暂时不可轻举妄动。

《小象传》说:"潜伏之龙,应该养精蓄锐,暂时不可轻举妄动",这是因为它所在的初九阳爻在《乾》卦最下位,居位低卑。

【原文】

九二:见[①]龙在田,利见大人。

《象》曰:"见龙在田",德施普也。

【注释】

①见:古同"现",读作"现",意思是出现、呈现。

【译文】

九二:龙出现于田野,预示有道德有作为的大人宜于出现,此时利于见到大人。

《小象传》说:"龙出现于田野",九二居中,阳德见用于世,博施而普遍。

【原文】

九三:君子终日乾乾,夕惕若厉,无咎。

《象》曰:"终日乾乾",反复道也。

【译文】

九三:君子白天终日勤奋不懈、健行不已,直到夜间该休息之时,仍然戒惧警惕,提防危险,似有危厉,最终才不会有灾难。

《小象传》说:"君子白天终日勤奋不懈、健行不已",是说君子应反复行道、锲而不舍,才能免出差错。

【原文】

九四:或跃在渊,无咎。

《象》曰:"或跃在渊",进无咎也。

【译文】

九四:龙或腾跃上进,或退处在渊,审时度势,这样就不会有灾难。

《小象传》说:"龙或腾跃上进,或退处在渊,审时度势",即使有违而进,也不会有灾难。

【原文】

九五:飞龙在天,利见大人。

《象》曰:"飞龙在天",大人造也。

【译文】

九五:龙高飞上天,预示有道德有作为的大人宜于出现,此时利于见到大人。

《小象传》说:"龙高飞上天",大人奋起,大展雄才,有所作为。

【原文】

上九:亢龙有悔。

《象》曰:"亢龙有悔",盈不可久也。

【译文】

上九:龙飞过高,进到穷极境地,最终将有悔恨。

《小象传》说:"龙飞过高,进到穷极境地,最终将有悔恨",因为物极必反,阳爻居高过于盈满而不可长久,不久必衰。

【原文】

用九[①]:见群龙无首,吉。

《象》曰:"用九",天德不可为首也。

【注释】

①《易经》的乾卦和坤卦比其他六十二卦多一爻辞。乾卦为"用

九",坤卦为"用六",专门表示这两卦是全阳、全阴。

【译文】

用九:呈现群龙,各随其志,但谁也不以首领自居,这是吉利的。
《小象传》说:"用九",乾阳六爻发展至极盛将变,不可以因为在乾天之上而自以为首。

【原文】

《文言》曰:"元"者,善之长也;"亨"者,嘉之会也;"利"者,义之和也;"贞"者,事之干也。君子体仁足以长人,嘉会足以合礼,利物足以和义,贞固足以干事。君子行此四德者,故曰:"乾,元、亨、利、贞。"

【译文】

《文言传》说:"元",是众善的首长;"亨",是嘉美的会合;"利",是事物得体而中和;"贞",是事业成功的根本。君子效此以仁为体,切实体现仁德,足以主宰众人。嘉美会合足以合乎礼,裁成事物足以合乎义,贞正固守足以成就事业。君子是能够行此四德的人,所以说:"乾,元、亨、利、贞。"

【原文】

初九曰"潜龙勿用",何谓也?子曰:"龙德而隐者也。不易乎世,不成乎名,遁世无闷,不见是而无闷。乐则行之,忧则违之,确乎其不可拔,'潜龙'也。"

【译文】

初九爻辞说:"潜伏之龙,应该养精蓄锐,暂时不可轻举妄动。"这是什么意思？孔子说："这是譬喻有龙一样品德却隐而不出的人。他的操守志向不为世俗的改变而改变，他不盲目追求成就功名，逃离俗世，隐退世外，不为世人所知而心志怡然，嘉言懿行不被世人赞同亦无烦闷懊恼。合乎正道的乐事则顺道而行尽心去做，不合乎正道的忧事则不去做，具有坚强而不可动摇的意志，这就是'潜龙'。"

【原文】

九二曰"见龙在田，利见大人"，何谓也？子曰："龙德而正中者也。庸言之信，庸行之谨，闲邪存其诚，善世而不伐，德博而化。《易》曰'见龙在田，利见大人'，君德也。"

【译文】

九二爻辞说："龙出现于田野，预示有道德有作为的大人宜于出现，此时利于见到大人。"这是什么意思？孔子说："这是譬喻有龙一样品德而居正得中的人。他平常的言论合乎信义，平凡的举动谨慎小心，防止邪恶而保持诚信，兼善天下而不夸耀己功，德性广博而足以善化百姓。《易经》该爻辞说：'龙出现于田野，预示有道德有作为的大人宜于出现，此时利于见到大人。'这是君主之德。"

【原文】

九三曰"君子终日乾乾，夕惕若厉，无咎"，何谓也？子曰："君子进德修业。忠信，所以进德也。修辞立其诚，所以居业也。知至至之，可与言几也。知终终之，可与存义也。是故居上位而不骄，在下位而不忧。故乾乾因其时而惕，虽危无咎矣。"

【译文】

九三爻辞说:"君子白天终日勤奋不懈、健行不已,直到夜间该休息之时,仍然戒惧警惕,提防危险,似有危厉,最终才不会有灾难。"这是什么意思?孔子说:"这是譬喻君子为增进德性而修治功业。为人忠诚信实所以增进德性。修饰言辞出于诚挚的内心,信实而有诚意,所以成就功业。知道所要达到的目标而身体力行努力实现它,这种人可与他讨论细微之事。知道终结的时刻而善于及时终止,这种人可与他共同保存事物发展的适宜状态。所以居上位而不骄傲,在下位而不忧愁。因此刚健自强,勤奋不已,顺应时机,随时保持警惕,虽有危厉,最终也没有灾咎。"

【原文】

九四曰"或跃在渊,无咎",何谓也?子曰:"上下无常,非为邪也。进退无恒,非离群也。君子进德修业,欲及时也,故'无咎'。"

【译文】

九四爻辞说:"龙或腾跃上进,或退处在渊,审时度势,这样就不会有灾难。"这是什么意思?孔子说:"这是譬喻或上或下,无一定常规,但进退出处的选择不是为了邪欲,不可陷入邪道。或进或退,没有定数,不是恒久不变的,但不能脱离众人,离群索居。君子增长德性,修治功业,是想抓住机遇及时进取,因此,'不会有灾难'。"

【原文】

九五曰"飞龙在天,利见大人",何谓也?子曰:"同声相应,同气相求。水流湿,火就燥。云从龙,风从虎。圣人作而万物睹。本乎天者亲上,本乎地者亲下,则各从其类也。"

【译文】

　　九五爻辞说:"龙高飞上天,预示有道德有作为的大人宜于出现,此时利于见到大人。"这是什么意思?孔子说:"这是譬喻相同的声音相互应和,相同的气息相互求通。水往湿处流,火往干处燃。龙飞舞时伴随云涌,虎奔腾时伴随风起。圣人兴起而治世清明,万物呈现本色而各尽其用清晰可见。秉受于天的自然亲附于上,赋形于地的自然亲附于下,则各自归从自己的类别。"

【原文】

　　上九曰"亢龙有悔",何谓也?子曰:"贵而无位,高而无民。贤人在下而无辅,是以动而'有悔'也。"

【译文】

　　上九爻辞说:"龙飞过高,进到穷极境地,终将有悔",这是什么意思?孔子说:"这是譬喻某种人尊贵而没有实位,高高在上而没有所辖之民,在他之下的贤明之士都不辅佐他,处境极为不利,所以一旦轻举妄动就将'有悔恨'。"

【原文】

　　"潜龙勿用",下也;"见龙在田",时舍也;"终日乾乾",行事也;"或跃在渊",自试也;"飞龙在天",上治也;"亢龙有悔",穷之灾也;乾元"用九",天下治也。

【译文】

　　"潜伏之龙,宜养精蓄锐,暂时不可有所作为而轻举妄动",是因为地位卑下低微；"龙出现于田野"，是因为龙本应在天得时，而今"在田"，时运未到，仍然需要韬光养晦以待良机；"白天终日勤奋不懈、健行不已"，说明有所行动，事业开始付诸实践；"龙或腾跃上进，或退处在渊，审时度势"，将由自己试验；"龙高飞上天"，居上而治理天下；"龙飞过高，进到穷极境地，终将有悔"，是由穷极而造成的灾害；《乾》卦六爻皆九，开始"阳刚将化为阴柔，用九数以变化天下"，天下必然大治。

【原文】

"潜龙勿用"，阳气潜藏；"见龙在田"，天下文明；"终日乾乾"，与时偕行；"或跃在渊"，乾道乃革；"飞龙在天"，乃位乎天德；"亢龙有悔"，与时偕极；乾元"用九"，乃见天则。

【译文】

"潜伏之龙，宜养精蓄锐，暂时不可有所作为而轻举妄动"，因为处于阳气潜藏的时候；"龙出现于田野"，阳光显现，天下万物呈现光明；"白天终日勤奋不懈、健行不已"，随从天时的变化而行事不息；"龙或腾跃上进，或退处在渊，审时度势"，是因为九四爻变为上乾，由下入上，乾之道即将出现变革；"龙高飞上天"，因为他既有天德又有君位；"龙飞过高，进到穷极境地，终将有悔"，因为在时间的发展上已达到终极；《乾》卦六爻皆九，开始"阳刚将化为阴柔，用九数以变化天下"，这是体现天道自然的法则。

【原文】

乾"元"者，始而亨者也。"利贞"者，性情也。乾始，能以美利利天下，不言所利，大矣哉！大哉乾乎！

刚健中正,纯粹精也。六爻发挥,旁通情也。"时乘六龙",以御天也。"云行雨施",天下平也。

【译文】

乾"元",开始创生万物而使之亨通;"利贞",是万物秉受阴阳所蕴含的本性和内情。乾一开始以云行雨施的美善化生万物、施利天下苍生,却不言利物之功,这种精神真是伟大啊!伟大啊乾阳!刚劲强健、居中守正,这一切可谓纯粹无瑕、至精不杂。六爻变化运动、广泛会通、普遍通达于万物的发展情理。"《乾》卦六爻按不同的时位而形成,就像六条龙以时令运行于天",因时掌握自然万物的变化,以驾御自然天道,"云气飘行,雨水布施",天下万物和谐均衡地发展。

【原文】

君子以成德为行,日可见之行也。"潜"之为言也,隐而未见,行而未成,是以君子弗用也。

【译文】

君子以完成道德修养、留下造福后世的功业作为行动的目的,每天都体现蕴含在日常勤勉的行为之中。《乾》卦初爻所说的"潜"的意思是隐藏而未显现,行事尚未见功,君子自知时机不到,所以暂时不能施展才用而轻举妄动。

【原文】

君子学以聚之,问以辩之,宽以居之,仁以行之。《易》曰:"见龙在田,利见大人",君德也。

【译文】

君子通过学习以聚积知识,通过发问以解决疑难、明辨是非,以宽大胸怀与人相处，以仁爱之心接物行事。《周易》说："龙出现于田野，预示有道德、有作为的大人宜于出现，此时利于见到大人。"此谓君子之德。

【原文】

九三，重刚而不中，上不在天，下不在田。故乾乾因其时而惕，虽危无咎矣。

【译文】

九三爻处于重重阳刚交接之处而不居中位，上不及天位，下不在地位，处在两可之间。所以君子刚健自强，勤奋不已，顺应时机，随时保持警惕，虽有危厉，最终也没有灾咎。

【原文】

九四，重刚而不中，上不在天，下不在田，中不在人，故或之。或之者，疑之也，故"无咎"。

【译文】

九四爻处于重重阳刚交接之处而不居中位，上不及天位，下不在地位，处卦中间不在人位，所以有"或（惑）"。"或"的意思是疑惑，是指多方置疑，仔细审度，谨慎周旋，所以"没有什么灾害"。

【原文】

夫"大人"者，与天地合其德，与日月合其明，与四时合其序，与鬼神合其吉凶。先天而天弗违，后天而奉天时。天且弗违，而况于人乎？况于鬼神乎？

【译文】

　　九五爻辞的"大人",其德性与天地相合覆载万物,其圣明与日月相合普照苍生,其施政与春夏秋冬四时顺序相合,因时制宜而井然有序,其吉凶与鬼神相合占断往事、预知来日。他在上天的垂示之前就开始行动,而与天道的运行不相违背;他在上天的垂示以后行动,也能奉行天道运行的时令而遵循自然变化的规律。既然天都不违背他,何况人呢!更何况鬼神呢!

【原文】

　　"亢"之为言也,知进而不知退,知存而不知亡,知得而不知丧,其唯愚人①乎!知进退存亡,而不失其正者,其唯圣人乎!

【注释】

　　①愚人:通行本作"圣人",王肃本作"愚人",而"愚人"与下文"圣人"相对,今从王肃本。

【译文】

　　上九爻辞所说的"亢",是说只知道前进进取而不知及时引退,只知道生存而不知道将来有一天会灭亡,只知道获得而不知道丧失,这大概就是愚蠢之人吧!知道进取、引退、生存和灭亡的道理而不失正道,进有进的理由,退有退的分寸,存有存的意义,亡有亡的潇洒,这大概只有圣人吧!

坤卦第二

䷁ 坤下坤上

【题解】

坤是本卦卦名。《坤》卦内外卦皆为坤,六爻全是阴爻,喻示阴柔顺从,用来表示大地以及阴柔的事物。地是最大的阴,它博大厚爱,顺从天道,承载万物,故以象征地的坤作为六十四卦第二卦,并与天对应,反映万物生成,是由天施地养。

《坤》卦理应以地为象,但卦辞显示的象征物却是"牝马"。虽然取象不同,但是要说明的思想是一样的,那就是柔顺。牝马顺从种马,地顺从天,阴顺从阳,整个卦的爻辞都是以柔顺为主题。"先迷后得主"是说《坤》作为阴柔只能顺从,若在先必然要迷惑,在后则符合常道。"利西南得朋"反映坤适合往西南,因为西南为坤位,故在西南可以得同类,也就是"朋友"。相反在东北必然失去同类,所以说"丧朋"。故卦辞接着是"安贞吉",即安于坤顺之道则吉,卦辞的中心是阴柔顺从。爻辞也是以柔顺为核心,初爻"履霜"之"霜"、"坚冰"之"冰"皆为阴气所凝成。六三"含章""从王事"也反映了含蓄、顺从的特点。六四"括囊"是说束扎口袋,有封闭之义,阳为动,阴为静,阳为开,阴为闭,说的都是阴柔之义。六五"黄裳",指下服,上为阳,下为阴,又黄为土色,土即地。上六说的是阴阳转化。另外,《彖传》《象传》和《文言》,也都一再强调坤阴没有自主性,必须听命于乾阳。阳给万物生命以起点,阴才能让生命发育成形。《坤》卦以坤阴而柔顺的特点启示人们,行事要顺从,心胸要博大。再进一步从宏观审视,我们可以看到:一是阴阳相反相成、相互作用、对立统一,这是事物发展的动力;二是阳主阴从、阳始阴成的思想模式。这是《易经》理论思维的两大基石,对中国传统思想文化有着极大的影响。

【原文】

坤:元亨,利牝马之贞。君子有攸往,先迷后得主。利西南得朋,东北丧朋。安贞吉。

【译文】

《坤》卦:开始即大为亨通。远出前,乘雄马者与乘雌马者,皆占旅途吉凶,此占利于乘雌马者。君子有所行,先迷途,后找到主人。往西南可以得到朋友,而往东北则丧失朋友。安守正道就会吉利。

【原文】

《彖》曰:至哉"坤元"!万物资生,乃顺承天。坤厚载物,德合无疆。含弘光大,品物咸"亨"。"牝马"地类,行地无疆,柔顺"利贞"。君子攸行,"先迷"失道,后顺得常。"西南得朋",乃与类行;"东北丧朋",乃终有庆。"安贞"之吉,应地无疆。

【译文】

《彖传》说:至极啊,广阔无垠,生成并包孕万物的"坤元"!万物依赖它而生成,地配合天,柔顺地秉承天道的法则。坤用厚德载养万物,它的德性与天相合而广阔无际。坤道含藏着弘博、广大、宽厚,众物都得以

"亨通畅达"、遍受滋养而顺利繁荣生长。"雌马"属于地上走兽,奔行于无边无垠的大地,柔顺的雌马是阴柔"宜于守持正固"的象征。君子应当效法这种柔顺贞正的德性而行动,遇事如果争先居首就会丧失坤道而迷失方向,如果跟随人后柔顺守正、顺应大势,就能深得坤道。"往西南可以得到朋友",是因为与同类朋友同行,"往东北丧失朋友",但行至终极,必将复初,最终将有"得朋"之吉庆。"安守正道"的吉庆,是因为应合柔顺的道而永保无疆。

【原文】

　　《象》曰:地势坤,君子以厚德载物。

【译文】

　　《大象传》说:《坤》卦上下"坤"均为"地"之象,地道柔顺厚实,君子应效法地道,以宽厚之德容载万物。

【原文】

　　初六:履霜,坚冰至。
　　《象》曰:"履霜坚冰",阴始凝也。驯致其道,至"坚冰"也。

【译文】

　　初六:踏霜之时,预示着坚冰不久将至。
　　《小象传》说:"履霜坚冰",阴气开始凝结。顺其阴柔之道,"坚冰"不久必将到来。

【原文】

　　六二:直方大,不习无不利。

《象》曰:"六二"之动,"直"以"方"也。"不习无不利",地道光也。

【译文】

六二:正直、方正、宏大,不习(后天的努力和人为的雕饰)也没有什么不利的。

《小象传》说:"六二"之动,"正直"而"方正"。"不习(后天的努力和人为的雕饰)也没有什么不利的",这是因为六二地道柔顺,广大光明。

【原文】

六三:含章可贞,或从王事,无成有终。

《象》曰:"含章可贞",以时发也。"或从王事",知光大也。

【译文】

六三:蕴含章美可以恪守正道。跟从君王做事,自己不居其功,将取得好的结果。

《小象传》说:"蕴含章美可以恪守正道",指要审时度势,把握时机,待时而动。"跟从君王做事",才智必然得以广大。

【原文】

六四:括囊,无咎、无誉。

《象》曰:"括囊无咎",慎不害也。

【译文】

六四:束扎口袋,虽无灾害,但也不会带来荣誉。

17

《小象传》说:"束扎口袋,没有灾害",是说只要谨慎小心就不会有灾害。

【原文】

六五:黄裳元吉。

《象》曰:"黄裳元吉",文在中也。

【译文】

六五:穿上黄色的下衣就很吉祥。

《小象传》说:"穿上黄色下衣就很吉祥",是指六五爻文德在于守中。

【原文】

上六:龙战于野,其血玄黄。

《象》曰:"龙战于野",其道穷也。

【译文】

上六:龙交战于田野,其血青黄混杂。

《小象传》说:"龙交战于田野",说明上六的纯阴之道已经发展穷极。

【原文】

用六:利永贞。

《象》曰:用六"永贞",以大终也。

【译文】

用六:宜永远恪守正道。

《小象传》说:用六"永远恪守正道",坤阴养育万物而大终。

【原文】

《文言》曰:坤至柔而动也刚,至静而德方,"后得主"而有常,含万物而化光。坤道其顺乎,承天而时行!

【译文】

《文言》说:坤六爻皆阴,极其柔顺,但动起来则显示出它的刚强。坤极其静止,但尽得地之方正,柔美的品德传布四方。其先有些迷失,后来遇到主人,按照主顺谦卑不为先的常道行之。坤为地为母,含藏万物而化育广大。坤道多么柔顺,顺承天道,依时而行。

【原文】

积善之家,必有余庆;积不善之家,必有余殃。臣弑其君,子弑其父,非一朝一夕之故,其所由来者渐矣,由辩之不早辩也。《易》曰:"履霜,坚冰至",盖言顺也。

【译文】

积善的人家,必定福庆有余;累积不善的人家,必定灾殃有余。大臣杀掉国君,儿子杀死父亲,这都不是一朝一夕偶然造成的,祸患的产生由来已久,是日积月累形成的。由于没有及早察觉此事并辨别清楚,才导致悲剧的发生。《周易》坤卦初六说:"踏霜之时,预示着坚冰不久将至。"这是说事物必会顺从一定趋势而逐渐发展。

【原文】

"直",其正也;"方",其义也。君子敬以直内,义以方外,敬义立而德不孤。"直方大,不习无不利",则不疑其所行也。

【译文】

"直"就是正的意思,是说事物品行纯正;"方"就是义的意思,是说处置恰当适宜。君子诚敬不苟,使内心正直,以直作为内在人格建立的原理,处事恰当适宜来方正外物,以义作为外在行事的准绳,"诚敬"与"道义"确立以后,则道德广布、泽及万物。"直方大,不习也不会不利。"这样所行必然畅达无碍,则没有人怀疑他的行为了。

【原文】

阴虽有美,"含"之以从王事,弗敢成也。地道也,妻道也,臣道也。地道"无成",而代"有终"也。

【译文】

坤阴虽有美德,含蓄隐藏起来以跟从君王做事,自己不居其功以成就自己的功名。这就是地道、妻道、臣道。地道虽没有成就自己的功名,但继续天道完成养育万物之事而取得好的结果。

【原文】

天地变化,草木蕃。天地闭,贤人隐。《易》曰:"括囊,无咎、无誉",盖言谨也。

【译文】

天地交感变化,草木茂盛繁衍,天地闭塞昏暗,贤人隐退遁世。《周易》坤卦六四爻说:"束扎口袋,虽无灾害,但也不会带来荣誉。"这是在说谨慎小心的道理。

【原文】

君子黄中①通理,正位居体,美在其中,而畅于四支,发于事业,美之至也。

【注释】

①黄中:六五居中,而有中德。古代以土色为黄,土在五行中居中,故黄色即中色,黄有中之义。

【译文】

君子内有黄色中正之德,通达宇宙人生的道理,外以柔顺之体居于正位,美蕴存于心中,而自然通畅于四肢,发挥体现于事业,这真是美到极至啦!

【原文】

阴疑于阳必战,为其嫌于无阳也,故称"龙"焉。犹未离其类也,故称"血"焉。夫"玄黄"者,天地之杂也,天玄而地黄。

【译文】

坤阴聚集达至极盛,近似并交接于阳时,阴阳必定会发生战斗,为了使人免除这是《坤》卦六爻纯阴而没有阳的嫌疑,所以《坤》卦上六爻辞称"龙"。然而,此爻毕竟属阴,未曾离开阴类,故爻辞称"血",以表示阴。"玄黄"是天地交错混杂的颜色,天为黑中有赤的玄色,地为黄色。

屯卦第三

 震下坎上

【题解】

屯(zhūn)是本卦卦名。《屯》卦卦象下震上坎,震为动,坎为险,动在险中故有难,故屯有难之义。从文字学角度看,"一"像地,"屮"像草,有草木破土而出之义。草木破土,象征着开始,而且非常困难,故屯为始为难。所以,《易经》的《序卦传》谓:"有天地,然后万物生焉。盈天地之间者唯万物,故受之以屯。屯者,盈也。屯者,物之始生也。"《彖传》说:"刚柔始交而难生。"《屯》卦紧接《乾》《坤》之后,表明它所说的事物,是天地出现以后事物初生之际的情状。因为初生,所以脆弱,发展艰难;因为初生,所以生气蓬勃,前途光明。《屯》卦所说的,正是事物初生、事业初创时的困难和光明前景,具有普遍性。

《屯》卦的卦爻辞以屯难作为中心,所记之事皆有难义,为我们展示了人世间生存的艰难情景:外出路难行,求婚受挫,追猎受阻,踌躇徘徊和悲痛欲绝的心境。因有难,故卦辞曰:"勿用有攸往。"但利于建立诸侯国家。建立诸侯国家,需要艰难创业。爻辞多以婚姻为例,围绕物之"初生"、时之"草创",明其吉凶利咎,说明古代男女婚配、建立家庭和建立国家一样艰难,爻辞中"磐""屯""吝""班如""泣血涟如"都有徘徊难进、痛苦忧戚之义。总的说来,《屯》卦是一个艰难创业卦。但是,《屯》卦的卦辞一开始说"元亨,利贞",说明《屯》卦以朴素辩证的哲学观点,指出"初生"事物的发展前景,表明初创事物虽然艰难,若能正确把握规

律,沿着"草创"之时的发展趋势,不断开拓进取,大胆前行,勇敢追求,前景必将充满光明,实现"元亨"的最终目的。

【原文】

屯:元亨,利贞。勿用有攸往。利建侯。

【译文】

《屯》卦:一开始就亨通,利于守持正固。不适合有所往。宜于建国封侯。

【原文】

《彖》曰:屯,刚柔始交而难生,动乎险中,大亨贞。雷雨之动满盈,天造草昧。宜建侯而不宁。

【译文】

《彖传》说:屯,阳刚阴柔初始相交,艰难地生成万物,在险难之中变动发展,想要盛大亨通,必须守持正固。雷雨震动充满天地之间,天始造化,万物萌发,此时适宜于建国封侯,而不能无所事事。

【原文】

《象》曰:云雷屯,君子以经纶。

【译文】

《大象传》说:《屯》卦的上卦是坎,坎为水,在上为云;下卦是震,震为雷。云行于上,雷动于下,是《屯》卦的卦象,象征着天地草创万物初始生命的艰难时刻。君子效法此象,当以天下为己任,以筹划经营治理事务。

【原文】

初九:磐桓①,利居贞,利建侯。

《象》曰:虽"磐桓",志行正也。以贵下贱,大得民也。

【注释】

①磐(pán)桓(huán):徘徊难行。

【译文】

初九:徘徊流连难进,利于居守正道,利于建国封侯。

《小象传》说:虽然"徘徊流连难进",但这是志行贞正。屯难之时以高贵而下居低贱,可以大得民众依附。

【原文】

六二:屯如邅如①,乘马班如,匪寇婚媾。女子贞,不字,十年乃字。

《象》曰:六二之难,乘刚也。"十年乃字",反常也。

【注释】

①屯如邅(zhān)如:想前进又不前进的样子。

【译文】

六二:困顿艰难,踯躅不前,乘着马盘旋难进,来人不是盗寇,是求婚的。但女子贞静自守,不急于嫁人,要过十年才许出嫁。

《小象传》说:六二之艰难不进,是因为阴柔凌驾阳刚之上。"要过十年才许出嫁",返归常理。

【原文】

六三:既鹿无虞①,惟入于林中。君子几,不如舍,往吝。

《象》曰:"既鹿无虞",以从禽也。君子舍之,"往吝",穷也。

【注释】

①虞:掌管山林的官,这里指熟悉山林的人。

【译文】

六三:山林打猎追鹿时没有熟悉山林的虞人作向导,结果迷于山林中。君子如果知道事之几微而还企望得到鹿,此时不如舍弃追捕它,再往前就行动艰难,以致悔恨。

《小象传》说:"山林打猎追鹿时没有熟悉山林的虞人作向导",只能被动跟从禽兽。君子舍弃追捕它,"前往行动艰难、以致悔恨",是说直追不舍,必至困穷。

【原文】

六四:乘马班如,求婚媾,往,吉无不利。

《象》曰:求而往,明也。

【译文】

六四:乘着马盘旋难进,为的是去求婚,前往吉庆,没有什么不利的。

《小象传》说:如有所求,便前往行动,是明智的。

【原文】

九五:屯其膏。小,贞吉;大,贞凶。

《象》曰:"屯其膏",施未光也。

【译文】

九五:克服初创艰难而将广施膏泽。柔小者,守持正固可获吉祥;刚大者,守持正固以防守险。

《小象传》说:"克服初创艰难而将广施膏泽",是说九五所施德泽不够广大。

【原文】

上六:乘马班如,泣血①涟如。

《象》曰:"泣血涟如",何可长也?

【注释】

①泣血:古人指无声泣哭。

【译文】

上六:乘马徘徊不进,悲痛得哭泣不止,泪水不断。

《小象传》说:"悲痛得哭泣不止,泪水不断",这种状态怎么能够长久呢?

蒙卦第四

☵ 坎下艮上

【题解】

《蒙》卦卦象下坎上艮，坎为水亦可表示为泉，艮为山，故山下有泉。泉为水之源，故引申为事物的开始。就六十四卦的顺序来说，《蒙》卦紧接《屯》之后，万物处于刚刚克服了屯难的初生阶段，仍然处于蒙昧状态。事物初始往往幼稚、蒙昧，所以此卦为《蒙》卦。此卦是以幼稚、蒙昧作为中心，卦爻辞所反映的是蒙昧和与蒙昧有关的事。卦爻辞除了六三爻外，其余皆带"蒙"字，六三虽不带"蒙"字，但是反映的是一个女子幼稚并昏暗不明，也有"蒙"意。

《蒙》卦表示事物发展处于初级、幼稚蒙昧的阶段，向我们昭示了启发蒙昧幼稚的道理。卦辞称"匪我求童蒙，童蒙求我"，体现了尊师重学的思想，与《礼记·曲礼上》所谓"礼闻来学，不闻往教"之义相同。初六阴弱，潜心"发蒙"则可，急于求进必"吝"；九二治蒙要"包蒙"；六三和六四两爻启示我们，不守道而盲目躁动或者被蒙昧幼稚所困都不符合治蒙的规律和目的；六五居尊谦下，"蒙以养正"，为好学君子之象；上九刚健居终，以严厉措施猛击蒙昧幼稚，但要讲究方式方法。

同时，《蒙》卦揭示了"诚信"的原则。"初筮，告；再三，渎，渎则不告"，向神灵请教，要诚心诚意，诚心娶妻成家，要以礼相待。一个"诚"字，道出了为人处世、建功立业的秘诀，诚心、真心可以感天动地惊鬼神。

相待以诚,大概是人类从蒙昧走向文明之初最朴实的道德伦理准则。为了使人们确信这一准则的权威性,作《易》者便构想出了神灵也偏爱诚信的依据。这种说法,多少使人们在心理上有了戒惧,在行为上有了规范。铭记上天神灵偏爱诚实守信的人们,会更加有助于我们在生命历程中的过渡。

【原文】

蒙:亨。匪我求童蒙,童蒙求我。初筮,告;再三,渎,渎则不告。利贞。

【译文】

《蒙》卦:亨通顺利。不是我去求幼稚蒙昧之人,而是幼稚蒙昧之人来求我。第一次占筮则告诉他吉凶,接二连三来占问则是亵渎占筮,对不恭敬的占筮者则不告诉他吉凶。此占宜于守持正道。

【原文】

《彖》曰:蒙,山下有险,险而止,蒙。"蒙,亨",以亨行,时中也。"匪我求童蒙,童蒙求我",志应也。"初筮,告",以刚中也。"再三,渎,渎则不告",渎蒙也。蒙以养正,圣功也。

【译文】

《彖传》说:《蒙》卦的卦象是山下有险难,险难使道路隔绝,所以象征着幼稚蒙昧。"蒙,亨通顺利",是说以亨通之道行动,依时而适中。"不是我去求幼稚蒙昧之人,而是幼稚蒙昧之人来求我",是说二者志向相同而互为应和。"第一次占筮则告诉他吉凶",是因为阳刚居中而有节,符合中道。"接二连三来占问则是亵渎占筮,亵渎则不告诉他吉凶",这种亵渎怠慢,会扰乱幼稚蒙昧的人,违背了启蒙的初衷。幼稚蒙昧的时候应当以正道培养其纯正无邪的品质,这正是圣人的功业。

【原文】

《象》曰:山下出泉,蒙。君子以果行①育德。

【注释】

①果行:应为"过行",古"果""过"互假。《后汉书·苏竟传》:"昔智果见智伯穷兵必亡。"李贤注:"果或作过。"《礼记·表记》有"过行勿率,以求处厚",过行,指行为有过失。有过失故需"育德",以补其过。

【译文】

《大象传》说:《蒙》卦上卦是艮,艮为山;下卦是坎,坎在下为泉水。山下出泉水,这是《蒙》卦卦象。君子效法此象,应当反省行为的过失,不断培育自己美好的德行。

【原文】

初六:发蒙,利用刑人,用说①桎梏,以往吝。

《象》曰:"利用刑人",以正法也。

【注释】

①说:在此读"脱"。古"说""脱"通用。

【译文】

初六:启发蒙昧的人,宜用受刑的人为例,使之得到警戒。脱去刑人的手脚刑具,虽已前往,但是行动很困难。

《小象传》说:"宜用受刑的人为例",是说一开始应端正法律。

【原文】

九二:包蒙,吉。纳妇,吉,子克家。

《象》曰:"子克家",刚柔接也。

【译文】

九二:取其蒙昧幼稚而包容爱护是吉利的。儿子娶媳妇也是吉利的,儿子成家,能够担负起家庭的责任。

《小象传》说:"儿子成家",九二阳刚与六五阴柔相互接应。

【原文】

六三:勿用娶女,见金夫,不有躬,无攸利。

《象》曰:"勿用娶女",行不顺也。

【译文】

六三:不要娶这个女子。她见了多金的男子,不顾自身体统,这婚事没有好处。

《小象传》说:"不要娶这个女子",是因为其行为不合礼节。

【原文】

六四:困蒙,吝。

《象》曰:"困蒙"之吝,独远实也。

【译文】

六四:被蒙昧幼稚所困,必然将有悔吝。

《小象传》说:"被蒙昧幼稚所困"而带来的悔吝,是因为独自远离了刚健笃实的君子。

【原文】

六五:童蒙,吉。

《象》曰:"童蒙"之吉,顺以巽也。

【译文】

六五:像孩子般幼稚蒙昧,主吉。

《小象传》说:"儿童般幼稚蒙昧"之吉,是恭顺而谦逊的结果。

【原文】

上九:击蒙,不利为寇,利御寇。

《象》曰:利用御寇,上下顺也。

【译文】

上九:以严厉措施教治蒙昧幼稚,方法不适宜,蒙昧者可变为盗寇。如果适宜的话,蒙昧者可防御盗寇。

《小象传》说:利于用来御防盗寇,是因为上下和顺。

需卦第五

☰ 乾下坎上

【题解】

需是本卦卦名。《需》卦下乾上坎,坎为水,在上为云,云在天上,有雨未下,故《需》卦有等待、需求之义。"需"字之义与卦象相符。"需"字上"雨"下"而","而"在古代形似"天",故需有天上有雨而未下之义,引申为等待、求雨、需求之义。《需》卦以需求、等待为中心,爻辞多有"需"字,是一个"需待"之卦。满足需求,要靠奋斗;时机不成熟时,奋斗很难成功。所以《需》卦强调等待,阐明事物在发展过程中应当耐心待时的道理,以便在自然和社会的制约中得到更多的行动自由。《彖传》《象传》认为,清醒的强者,强在既能奋进,而又不急躁冒进。六爻以初爻的"需于郊"发展到上爻的"入于穴",说明等待不是坐着不动,而是不断小动,创造和积累条件。从哲学上说,自然和社会处在不断变化之中,等待可看成是实现主客观统一的重要环节。而从爻象看,此卦六爻之象与辞似有密切关系。此卦外卦为坎,坎为水,初爻离外卦坎水最远,故辞有"郊"。九二爻稍近,故辞有"沙"。九三爻近坎水,故辞有"泥";因坎义为险,故辞又有"寇"。六四爻即处坎险之中,以示灾难来到,故辞有"血"。九五爻居坎中,得位,有"贞吉"。上六爻居上,从上爻看内卦三阳有上升之势,故辞有"三人来"。由是观之,象辞之间的确有某种联系。我们应从整体上用联系的观点去体悟《需》卦,以更好地汲取《易经》的智慧。

【原文】

　　需:有孚,光亨,贞吉。利涉大川。

【译文】

　　《需》卦:心怀诚信而广大亨通,占问结果吉利,有利于渡过大江大河。

【原文】

　　《彖》曰:需,须也。险在前也,刚健而不陷,其义不困穷矣。需,"有孚,光亨,贞吉",位乎天位,以正中也。"利涉大川",往有功也。

【译文】

　　《彖传》说:需,是等待的意思。前方艰难险阻,如果做到刚强健实而不陷入,这样其道义就不会困穷。需,"心怀诚信,广大亨通,占问结果吉利",说明九五爻位于天子之位,居正而得中道。"有利于渡过大江大河",说明一直前往可以建功立业。

【原文】

　　《象》曰:云上于天,需。君子以饮食宴乐。

【译文】

　　《大象传》说:《需》卦上卦是坎,坎在上为云;下卦是乾,乾为天。云上升聚集于天,待时降雨,这是《需》卦的卦象。君子效法此象,在时机尚未成熟之时,应当以饮食养身,安乐养心,待时而动。

【原文】

　　初九:需于郊,利用恒,无咎。
　　《象》曰:"需于郊",不犯难行也。"利用恒,无咎",未失常也。

【译文】

　　初九:停留等待在邑外百里以内的地区,宜于守恒,这样就不会有灾害。
　　《小象传》说:"停留等待在邑外百里以内的地区",不冒险轻率行动。"宜于守恒,这样就不会有灾害",表明没有失去常道。

【原文】

　　九二:需于沙,小有言,终吉。
　　《象》曰:"需于沙",衍①在中也。虽"小有言",以"吉""终"也。

【注释】

　　①衍:《说文解字》指水潮宗于海。清儒惠栋及民国尚秉和等人皆训"衍"为"水中有沙"。

【译文】

　　九二:停留等待在沙滩上,少有口舌是非和言语责难,最终结果是吉利的。
　　《小象传》说:"停留等待在沙滩上",沙中有水,危险就在其中,但九二爻得中。虽"少有口舌是非和言语责难",但结果以"吉"而"终结"。

【原文】

九三:需于泥,致寇至。

《象》曰:"需于泥",灾在外也。自我"致寇",敬慎不败也。

【译文】

九三:在泥泞中停留等待,招来了盗寇。

《小象传》说:"在泥泞中停留等待",是说灾难就在附近。自己"招来了盗寇",只有恭敬谨慎才能立于不败之地。

【原文】

六四:需于血①,出自穴②。

《象》曰:"需于血",顺以听也。

【注释】

①血:同"洫",即沟洫。《说卦》:"坎为水、为沟渎……为血卦。"《说文解字》:"洫,田间水道也。"

②穴:古时的住所,依地势挖建而成,下半是在地下挖出的小土穴,上半是在地面搭建的屋顶。

【译文】

六四:从地穴住处里出来,离开居住的地方,停留等待在沟洫中。

《小象传》说:"停留在沟洫中",是说要柔顺而听命。

【原文】

九五:需于酒食,贞吉。

《象》曰:"酒食贞吉",以中正也。

【译文】

九五:停留等待在酒食中,占之则吉。

《小象传》说:"酒水食物以养心志,守正则吉",是因为守持中正之道。

【原文】

上六:入于穴,有不速之客三人来,敬之,终吉。

《象》曰:不速之客来,"敬之,终吉",虽不当位,未大失也。

【译文】

上六:进入自己居住的地方,有三个不速之客到来,如果以礼相敬,最终得吉。

《小象传》说:不速之客到来,"以礼相敬,最终则吉",是说虽然此爻位不当,但没有大的损失。

讼卦第六

☰ 坎下乾上

【题解】

讼是本卦卦名。《讼》卦下坎上乾,坎为水,水性润下;乾为天阳,天阳有上升之势。天阳上升在上,水性趋低在下,一上一下,有争讼之义。同时,乾为刚强,坎为阴险。刚强在上,阴险在下,故为争讼。《讼》卦的中心是争讼,卦爻辞皆围绕这个中心记事,为我们展现了几千年前古人争斗的真实图景:初六不与人争获得"终吉",九二败讼速退而"无眚",六三安分不讼也获得"终吉",九四败讼悔悟而"安贞吉",只有上九穷争强讼,自取"夺赐"之辱。所以《讼》卦反复申明讼不宜穷争,应及早平息,诫人止讼免争,当以诚相待。其基本思想是否定争讼,认为无讼最好,息讼次之,争讼最坏。《讼》卦的卦辞提到即使委屈难伸,被迫诉讼,也应听从调处,中途停讼。对于争讼到底的人,《讼》卦表现了强烈的鄙视,认为胜了也为人唾弃。当然,如果要杜绝争讼,务必治其本源。《大象传》称"君子以作事谋始",提出"作事"之初预先防讼的观点。凡事先明章法,判定职分,使讼无从生,争无由起。正如《论语·颜渊》中孔子所说:"听讼,吾犹人也,必也使无讼。"《讼》卦反映了先秦儒家追求息讼免争、人人和平的道德观念和社会思想。

【原文】

讼:有孚,窒惕。中吉,终凶。利见大人,不利涉大川。

【译文】

《讼》卦:有诚信,但被阻塞,心中警惕戒惧。在争讼过程中虽然出现吉利,但最终还是凶。适合见有权势的人,但不宜涉越大河。

【原文】

《彖》曰:讼,上刚下险。险而健,讼。讼,"有孚,窒惕,中吉",刚来而得中也。"终凶",讼不可成也。"利见大人",尚中正也。"不利涉大川",入于渊也。

【译文】

《彖传》说:讼的上卦是天之阳刚,下卦是坎之陷险。面临险难而能够刚健,这就是讼。讼,"有诚信,但被阻塞,心中警惕戒惧,在争讼过程中出现吉利",是因为阳刚前来而居于中位,守持中道。"最终有凶",说明争讼最终没有取胜。"利于去拜见大人",这是崇尚中正之德。"不宜涉越大河",这样将陷入深渊。

【原文】

《象》曰:天与水违行,讼。君子以作事谋始。

【译文】

《大象传》说:《讼》卦的上卦是乾,乾为天;下卦是坎,坎为水。天性上,水性下,二者违背而行,是《讼》卦的卦象。君子效法此象,当在做事时考虑好如何开始。

【原文】

初六:不永所事,小有言,终吉。

《象》曰:"不永所事",讼不可长也。虽"小有言",其辩明也。

【译文】

初六:不长久陷入争讼之事,虽然有些口舌是非,稍稍受到责备,但是最终结果吉利。

《小象传》说:"不长久陷入争讼之事",是说争讼之事不可长久。虽"有些口舌是非,稍稍受到责备",但自会辩解明白。

【原文】

九二:不克讼,归而逋,其邑人三百户无眚①。

《象》曰:"不克讼",归逋窜也。自下讼上,患至掇也。

【注释】

①眚(shěng):眼睛生翳长膜。《说文解字》:"眚,目病生翳也。"此引申为过错、灾祸、灾难。

【译文】

九二:没有在争讼中取胜,返回后逃亡藏匿起来,其采邑三百户人家没有灾祸。

《小象传》说:"没有在讼事中取胜",返回后逃亡藏匿起来,这是逃窜躲藏。九二在下位而与九五尊上争讼,祸患的到来就像拾而取之一样是自己招来的。

【原文】

六三:食旧德,贞厉,终吉。或从王事,无成。

《象》曰:"食旧德",从上吉也。

【译文】

六三:享用过去先人的德业,占卜的征兆虽有危厉,但最终结果吉利。跟从君王做事,不会成功。

《小象传》说:"享用过去先人的德业",是说顺从上则吉。

【原文】

九四:不克讼,复即命,渝,安贞,吉。

《象》曰:"复即命,渝,安贞",不失也。

【译文】

九四:没有在争讼中取胜,回头就顺从命运,改变初衷,安守正道,能够得到吉利的结果。

《小象传》说:"回头就顺从命运,改变初衷,安守正道",不会有失。

【原文】

九五:讼,元吉。

《象》曰:"讼,元吉",以中正也。

【译文】

九五:争讼,开始得吉。

《小象传》说:"争讼,开始得吉",是因为此时得中正之道。

【原文】

上九:或锡①之鞶②带,终朝三褫③之。

《象》曰:以讼受服,亦不足敬也。

【注释】

①锡:同"赐",给予、赐给。

②鞶(pán)带:古时用皮革做成的束衣大腰带,供身居要职的贵族佩带,依官品等级颁赐不同的腰带,这里指官职。

③褫(chǐ):本义是夺去衣服,引申为剥夺、革除。

【译文】

上九:在争讼中被赏以腰带、赐以官职,但一日之内又三次被剥夺。

《小象传》说:在争讼中被赏以腰带、赐以官职,没有什么值得尊敬的。

师卦第七

☵ 坎下坤上

【题解】

师是本卦卦名。《师》卦下坎上坤,坎为水,坤为众,故师有众之义。坎又为险,众行险而为军队。据爻象,一阳居中为帅,五阴为众,有帅率兵众之象,故为师。

战争被古人看作最重要的事情之一。攻城略地,发财致富,讨伐异己,争权夺利,都要诉诸武力。古人称战争为"王者之事",把它升华成了治国平天下的头等大事。《师》卦反映了古代的军事情况,它以"兵众"为名,阐发了用兵的规律。战争的结果总有胜负,因此事前必须严肃认真地对待,通过占问,请教神灵,祈求神灵保佑,寻找正当的理由,然后大张旗鼓地兴师讨伐。此卦告诉人们,虽然战争有险,但是它又是必要的,特别是"开国承家",皆离不开战争。

根据卦爻辞和《彖传》《象传》的阐释,我们可以得到如下启示:一、用兵的前提在"正",战争性质的正义与否,直接关系到士兵和百姓是否拥护,"能以众正"的仁义之师可以"毒天下,而民从之"。二、出师胜负的关键,在于选择将领得当与否,前线统帅必须任用有威望的贤明"丈人",才能获"吉"。三、纪律严明,应当"师出以律",否则失律等于失败。另外,战术要随机应变,机动灵活,战争结束后要论功行赏,"小人勿用"。

【原文】

师:贞,丈人吉,无咎。

【译文】

《师》卦:占问,率师主帅吉利,无灾。

【原文】

《彖》曰:师,众也。贞,正也。能以众正,可以王矣。刚中而应,行险而顺,以此毒①天下,而民从之,"吉"又何"咎"矣!

【注释】

①毒:本指一种害人之草,可以做药物治病,后引申为治理。

【译文】

《彖传》说:师,是众多的意思。贞,是守持正道。如果能使众人都守持正道,则可以称王于天下了。《师》卦九二爻以阳刚居中而应于六五尊位,行于险难之中而能够顺利,以此道治理天下,而得到民众的拥护服从,势必"吉祥",又有什么"灾害"呢!

【原文】

《象》曰:地中有水,师。君子以容民畜众。

【译文】

《大象传》说:地中有水,是《师》卦的卦象。君子效法此象,当包容百姓,聚养民众。

【原文】

初六:师出以律,否臧①凶。

《象》曰:"师出以律",失律凶也。

【注释】

①否(pǐ)臧(zāng):不好。这里指不守军纪。臧:善、好。

【译文】

初六:军队出兵征战应当依照号令、纪律,如不依律治军,出师必有凶险。

《小象传》说:"军队出兵征战应当依照号令、纪律",有律不从,出师必凶。

【原文】

九二:在师中,吉,无咎。王三锡命①。

《象》曰:"在师中,吉",承天宠也。"王三锡命",怀万邦也。

【注释】

①锡命:即"赐命",意思是下令嘉奖。

【译文】

九二:主帅身在军中,军队有巩固的中心,吉利,没有灾祸。君王三次赐命嘉奖。

《小象传》说:"主帅身在军中,军队有巩固的中心,吉利",说明承应天子的宠爱。"君王三次赐命嘉奖",说明主帅拥有平治天下使万邦悦服的志向。

【原文】

六三:师或舆尸①,凶。

《象》曰:"师或舆尸",大无功也。

【注释】

①舆(yú):运载。师卦中"尸"字,古多有争议,多数人认为指死尸,但也有人认为此"尸"是指先王牌位,古代作战时有带先王牌位以壮士气的习俗。

【译文】

六三:出师疑惑,无主攻方向,以致战败,载尸而归,凶险。

《小象传》说:"出师疑惑,无主攻方向,以致战败,载尸而归",说明打仗失败,徒劳无功。

【原文】

六四:师左次①,无咎。

《象》曰:"左次无咎",未失常也。

【注释】

①次:临时驻扎和住宿。

【译文】

六四:军队驻扎于左边,没有灾祸。

《小象传》说:"军队驻扎左边,没有灾祸",是因为没有违背常道。

【原文】

六五:田有禽,利执言,无咎。长子帅师,弟子舆尸,贞凶。

《象》曰:"长子帅师",以中行也。"弟子舆尸",使不当也。

【译文】

六五:田中有禽兽,宜于捕捉,没有灾祸。委任刚正并年长德劭者可以率师作战,任命无德小人必将以车载尸而败归,占问结果凶险。

《小象传》说:"委任刚正年长德劭者率师作战",能够居中持正,笃行中道。"任命无德小人必将以车载尸而败归",这是任用不当的结果。

【原文】

上六:大君有命,开国承家,小人勿用。

《象》曰:"大君有命",以正功也。"小人勿用",必乱邦也。

【译文】

上六:大君颁发诏令,论功行赏。封诸侯,开创千乘大国;授大夫,世袭百乘之家。不能重用无才德的小人。

《小象传》说:"大君颁发诏令,论功行赏",正定功劳。"小人不可用",若用小人,必将危乱邦国。

比卦第八

☷ 坤下坎上

【题解】

比是本卦卦名。《比》卦下坤上坎,坤为地,坎为水,有水在地上流之象。水流地上,水地之间没有间隙,所以有亲比之义。

比,从文字学角度看,指两人亲密无间。比的甲骨文字形,像两人步调一致,比肩而行。它与"从"字同形,只是方向相反。《说文解字》曰:"二人为从,反从为比。"

《比》卦以亲比无间为中心,反映了亲比的道理,即人与人之间的关系。这种关系包括主从、上下、内外、彼此之间亲比的态度、尺度、价值。亲比首先要诚心诚意,即爻辞中的"孚",其次要有不同的尺度。下对上,以顺从达到亲比;上对下,亲比要做到来者不拒,不可强求,去者不追;要光明正大、不偏不倚,即爻辞中的"显比";要以信亲下,只有这样才能有"吉"。总之,亲比当正而不邪、顺而不逆、明而不晦。在各种关系中,其实《比》卦的重点还是下亲上,卑亲尊。从天子到诸侯大夫,形成了宝塔式的核心,层层向上亲近。《比》卦启示我们:亲比是一门大学问。这就要求人们树立以下观念:第一,上下左右、圈内圈外、国内国外、东西南北中、四海之内皆兄弟,要广泛亲比。第二,亲比要以孚信为基础和核心,动机纯正、态度真诚、亲贤远佞。

【原文】

　　比:吉,原筮,元永贞,无咎。不宁方来,后夫凶。

【译文】

　　《比》卦:吉利,占筮卦象,一开始永守正道,就不会有灾祸。不安宁的邦国均来归附,后来者有凶。

【原文】

　　《彖》曰:比,吉也。比,辅也,下顺从也。"原筮,元永贞,无咎",以刚中也。"不宁方来",上下应也。"后夫凶",其道穷也。

【译文】

　　《彖传》说:比,吉利。比,是亲辅的意思,是说居下能顺从于上。"再次占筮,一开始永守正道,就不会有灾祸",是因为其以刚健居中。"不安宁的邦国均来归附",是说上下众阴亲比而相应和。"后来的人有凶",是指亲辅之德已经穷尽了。

【原文】

　　《象》曰:地上有水,比。先王以建万国,亲诸侯。

【译文】

　　《大象传》说:《比》卦的上卦是坎,坎为水;下卦是坤,坤为地。地上有水,相互亲辅,《比》卦之象。先王效法此象,当以建立万国,亲比诸侯。

48

【原文】

初六:有孚比之,无咎。有孚盈缶①,终来有它②,吉。

《象》曰:比之初六,"有它吉"也。

【注释】

①缶(fǒu):盛酒的瓦器。

②它:又作"他",意外之事。

【译文】

初六:心有诚信,相互亲辅,没有灾祸。诚信多得像充盈酒缸的美酒,最终虽有意外变故,结果仍然吉利。

《小象传》说:《比》卦初六爻,"有意外变故,结果仍然吉利"。

【原文】

六二:比之自内,贞吉。

《象》曰:"比之自内",不自失也。

【译文】

六二:相互亲辅来自于内,占问征兆吉利。

《小象传》说:"相互亲辅来自于内",说明没有自失正道。

【原文】

六三:比之匪人。

《象》曰:"比之匪人",不亦伤乎?

【译文】

六三:亲辅的不是应当亲辅的人。

《小象传》说:"亲辅的不是应当亲辅的人",这难道不可悲吗?

【原文】

六四:外比之,贞吉。

《象》曰:外比于贤,以从上也。

【译文】

六四:向外亲辅,占问吉利。

《小象传》说:"向外亲辅"于贤人,这是顺从尊上。

【原文】

九五:显比,王用三驱,失前禽,邑人不诫①,吉。

《象》曰:"显比"之吉,位正中也。舍逆取顺,"失前禽"也。"邑人不诫",上使中也。

【注释】

①诫:用作"骇",惊吓。

【译文】

九五:光明正大地广泛亲辅,君王狩猎,用三面包围驱赶,前开一面,听任最前面的禽兽逃走。邑中百姓都不警戒惊骇,吉利。

《小象传》说:"光明正大地广泛亲辅"获得吉祥,是因为处于中正之位。舍弃背逆而只取顺从,则"听任最前面的禽兽逃走"。"邑中百姓都不警戒惊骇",这是自上行施中道的缘故。

【原文】

上六:比之无首,凶。

《象》曰:"比之无首",无所终也。

【译文】

上六:相互亲辅而没有首领,有凶险。

《小象传》说:"相互亲辅而没有首领",是因无所归附而不得善终。

小畜卦第九

☰ 乾下巽上

【题解】

　　小畜是本卦卦名。《小畜》卦下乾上巽,乾为天,巽为风,风行天上,犹如号令未发,故有畜聚之义。从爻看,五阳爻一阴爻,一阴柔居五阳刚之中,有聚积五阳之义。"畜"字,有聚、止、养、积等多种含义。阴为小,阳为大,所以《小畜》卦反映了小畜大、阴畜阳的道理,以阴聚阳,在不同的范围内有不同的表现。初九、九二之阳远离六四之阴,故可以"自道""牵复";而九三之阳近六四之阴,因九三以阳居阳位,与六四以阴居阴位正好相对,故二者必然相持不下,出现了"脱辐""反目"的情况;九五居中得正,故与六四相聚,十分和谐;上九失位,被六四之阳所聚,必有"凶"。阴柔积聚力量,扶助阳刚,要在适宜的限度内实施,即"小有蓄积"。阴柔积蓄力量过大,又会引起阴阳冲突,所以说阴聚阳而不能制阳,犹如臣畜君而不能损君。正如卦辞"密云不雨"所说,以阴聚阳而使雨未下。

【原文】

　　小畜:亨。密云不雨,自我西郊。

【译文】

　　《小畜》卦:亨通。浓云密布,起自我西邑郊外上空,但还没有下雨。

【原文】

《彖》曰:小畜,柔得位而上下应之,曰"小畜"。健而巽,刚中而志行,乃"亨"。"密云不雨",尚往也。"自我西郊",施未行也。

【译文】

《彖传》说:小畜,阴柔得位而上下众阳应和,所以称"小畜"。刚健而又逊顺,阳刚居中,志于施行,所以"亨通"。"浓云密布,但还没有下雨",是说还在向上进行之中。"云起自我西邑郊外上空",是说阴阳交合之功刚刚施展还没有畅行,所以云气布于西郊而没有下雨。

【原文】

《象》曰:风行天上,小畜。君子以懿文德。

【译文】

《大象传》说:《小畜》卦上卦是巽,巽为风;下卦是乾,乾为天。风行于天上,是《小畜》卦的卦象。君子效法此象当以修养文辞德业。

【原文】

初九:复自道,何其咎?吉。

《象》曰:"复自道",其义"吉"也。

【译文】

初九:沿正道返回,会有什么灾祸?吉利。

《小象传》说:"沿正道返回",其含义是"吉利"的。

【原文】

九二:牵复,吉。

《象》曰:"牵复",在中,亦不自失也。

【译文】

九二:被领回来,吉利。

《小象传》说:"被领回来",居守中位,这样就不会使自己有损失。

【原文】

九三:舆说①辐②,夫妻反目。

《象》曰:"夫妻反目",不能正室也。

【注释】

①说:通"脱"。
②辐:车轮中的直条。

【译文】

九三:车轮辐条散落解体,象征着夫妻互相埋怨,怒目而视。

《小象传》说:"夫妻互相埋怨,怒目而视",说明不能规正妻室,治理好家庭。

【原文】

六四:有孚,血①去惕出,无咎。

《象》曰:"有孚","惕出",上合志也。

【注释】

①血:用作"恤",意思是担忧、忧虑。

【译文】

六四:有诚信,摈弃忧虑,排除恐惧,不会有灾祸。

《小象传》说:"有诚信","排除恐惧",说明其志向与尊上相合。

【原文】

九五:有孚挛如,富以其邻。

《象》曰:"有孚挛如",不独富也。

【译文】

九五:有诚信维系,自己富有的同时要与邻居同富。

《小象传》说:"有诚信维系",是说其不独自富有。

【原文】

上九:既雨既处,尚德①载,妇贞厉。月几望,君子征凶。

《象》曰:"既雨既处",德积载也。"君子征凶",有所疑也。

【注释】

①德:同"得"。

【译文】

上九:天已下雨,雨已停止,遇车尚可得载。妇女占得此爻则有凶险。在月亮圆的那一天,君子远行有凶险。

《小象传》说:"天已下雨,雨已停止",是说阳德积满,已经达到极限。"君子远行有凶险",是说再前行必有所疑虑。

履卦第十

☰ 兑下乾上

【题解】

本卦卦名是履。《履》卦上乾下兑,乾为天,兑为泽,天高在上,泽低在下,上下分明,故有履礼之义。履的意思是踩踏,引申为行为和行为准则,所以,"履"有"礼"之义,"礼"有"履"之义。《说文解字》称"礼,履也,所以事神致福也"。在帛书《周易》中"履"作"礼"。《履》卦以梦中所见踩到老虎尾巴的景象,来占问平时所作所为的吉凶兆头,探问神的意旨,这就是所谓"梦占"。古人迷信,认为梦中所见所思,与日常的言谈举止有着某种必然的、神秘的内在联系,是神的意志显现。透过神秘之雾,我们发现古人关注的焦点集中在如何做人、如何使自己的行为合乎仪礼之上。常言道,日有所思,夜有所梦。由梦联系到行为规范,可见古人对为人处世的重视。《履》卦反映的是春秋时代履礼的情况,那时君臣、上下、父子、夫妇,都有严格的等级制度,行事决不能超越自己的地位、名分。超越了名分、地位行事,那就是行事不当,大逆不道。行礼崇尚谦和,宜柔不宜刚,故履柔而能得"吉"。九二、九四、上九居阴位,皆称"吉"。相反,若不谦和,如六三的阴居阳,九五以阳居阳,必有凶厉。此卦揭示了人的行为要合乎礼节,处事必须按"礼"而行,履行自己的社会责任。它有两方面含义:一是要维护等级秩序。礼的存在是为了维护等级秩序,礼的功能就是区别差异。二是要注意和,以和为贵。人与人之间的差异又是建立在人际关系和谐基础上的,要在尊重差别的基础上达到和谐。"礼之用,和为贵",两者统一,使理性和情感得到合理调控,从而保持人们心理上的平衡,达到稳定社会的目的。《履》卦重点发挥了"和"的意义,只要达到"和",即使踩到老虎尾巴也没关系。六爻从正反两方面寓意,反复表现了和的可贵。

《履》卦认为一个有教养的人应当审慎自律,清正纯洁,胸怀坦荡,光明磊落,行为做事合乎法度,知道量力而行,不急躁鲁莽、贪功冒进,沉着冷静,机敏细致,这样即使处于危险境地,也能化险为夷,有忧无险,才可能有所作为。

【原文】

履:履虎尾,不咥①人,亨。

【注释】

①咥(dié):噬、咬、啮。

【译文】

《履》卦:踩着老虎尾巴,因未踩伤痛虎,老虎不会咬人,此占亨通。

【原文】

《彖》曰:履,柔履刚也。说而应乎乾,是以"履虎尾,不咥人,亨"。刚中正,履帝位而不疚①,光明也。

【注释】

①疚:一本作"疾"。疚,从疒(nè),表示与疾病有关,有病、害、灾殃之意。

【译文】

《彖传》说:小心循礼而行,是因为阴柔践履阳刚之上。和悦而顺应于乾之刚健,所以"踩着老虎尾巴,因未踩伤踩痛老虎,老虎不会咬人,此占亨通"。九五爻以刚健中正之德居帝王之位,而没有弊病,显示其盛德光明正大。

【原文】

《象》曰:上天下泽,履。君子以辩上下、定民志。

【译文】

《大象传》说:《履》卦的上卦是乾,乾为天;下卦是兑,兑为泽。天气上升而在上,泽水下润而在下,是《履》卦的卦象。君子效法此象当辨别上下尊卑名分,安定统一百姓的心志。

【原文】

初九:素①履往,无咎。

《象》曰:"素履"之往,独行愿也。

【注释】

①素:没有染色的丝绸。

【译文】

初九:穿着白色纹彩的鞋前往,没有灾祸。

《小象传》说:"穿着白色纹彩的鞋前往",是前往者想独自奉行自己的心愿。

【原文】

九二:履道坦坦,幽人贞吉。

《象》曰:"幽人贞吉",中不自乱也。

【译文】

九二:所走道路平坦,被监禁的人占问也会吉利。

《小象传》说:"被监禁的人占问也会吉利",是因为履行中道而自我心志不乱。

【原文】

六三:眇[1]能视,跛能履,履虎尾,人,咥凶。武人为于大君。

《象》曰:"眇能视",不足以有明也。"跛能履",不足以与行也。"咥人"之"凶",位不当也。"武人为于大君",志刚也。

【注释】

[1]眇(miǎo):一只眼睛小。

【译文】

六三:眼睛不好而强看,腿脚有毛病却要行走,踩着老虎尾巴,老虎咬人,凶险。勇武的人要为大人君王效劳。

《小象传》说:"眼睛不好而强看",是不能分辨看清的。"腿脚有毛病却要行走",不能一起外出前行。"老虎咬人"导致"凶险",是说其所处位置不适当。"勇武的人为大人君王效劳",说明其志向刚强。

【原文】

九四:履虎尾,愬愬①,终吉。

《象》曰:"愬愬,终吉",志行也。

【注释】

①愬愬(sù):恐惧的样子。

【译文】

九四:踩着老虎尾巴,让人恐惧害怕,但最终结果吉利。

《小象传》说:"让人恐惧害怕,但最终结果吉利",说明能行施其志向。

【原文】

九五:夬履,贞厉。

《象》曰:"夬履,贞厉",位正当也。

【译文】

九五:决然而行,守持正固以防危险。

《小象传》说:"决然而行,守持正固以防危险",因为其位当正当中。

【原文】

上九:视履考祥,其旋元吉。

《象》曰:"元吉"在上,大有庆也。

【译文】

上九:审视其行为履行,考察其福祸吉凶,只有返回才能获得吉利。

《小象传》说:"开始吉祥"之辞在上位而终,大有福庆。

泰卦第十一

☰ 乾下坤上

【题解】

泰是本卦卦名。《泰》卦下乾上坤，乾为天，坤为地，天在下，地在上，以示阴阳二气交通，万物生生不已，故为通达太平。从爻象看，内卦三爻阳爻居下，有上升趋势。外卦三阴爻居上，有消退趋势。因为三阳代表大、善、君子之道，而三阴爻代表小、恶、小人之道，也就是正义正在伸张，邪恶正在消退，故预示着天下吉祥太平。这个卦是一个亨通顺利之卦，正如卦辞所说："小往大来，吉，亨"，从爻辞看也多吉利。此卦爻辞与爻象关系较密切，初九爻与九二、九三爻为阳爻，依次并列，故辞有拔茅而根连其类，九二居中，故辞有"中行"。九三阳爻与外卦三阴爻相接，预示变化，故辞有"无平不陂，无往不复"。六四为阴爻，并与六五、上六同类，故辞有"不富以其邻"。上六阴爻居极，又意味变化，故辞有"城复于隍"。

《泰》卦象征宇宙间风调雨顺、政治清明、国泰民安的最佳状态，卦辞及《彖传》《象传》认为这种状态出现的根源是阴阳相交。阴阳相交，是《易经》关于对立统一的一种表达方式，它着重于阴阳双方的需要相得，和谐统一。《泰》卦思想的深刻之处，在于认识到相交会演变为相背，泰极必然否来。因此，居泰应知思否，做到大度宽容，锐意进取，理顺关系，弱化矛盾，尽可能通过主观能动性的发挥，来延缓由泰到否的必然进程。

中国传统思想注重对立面的相互转化,在《易经》中已初露端倪。对立面相互转化的核心就是一个彼此沟通、转移的问题。天与地、自然与人类、国家与国家、一群人同另一群人、国君与臣民、丈夫与妻子……都存在相互联系和沟通的问题。通则畅,畅则和,和则万物兴旺繁盛。对立、对抗,只能导致敌意,矛盾冲突,以致暴力战争。现代社会中的人们,已越来越认识到了相互沟通与和谐发展的重要性。古人谈论对立面转化的立足点在一个"和"字,同时,他们也看重对双方的转化:由生到死,由盛到衰,由好变坏,由大到小,由福到祸……这表明他们是用动态的观点来看待万事万物的存在,其中既有来源于真实生活的切身体悟("包荒,用冯河,不遐遗"),也有理性抽象的思辨("无平不陂,无往不复"),应该说是相当深刻。

【原文】

泰:小往大来,吉,亨。

【译文】

《泰》卦:失去小的,得到大的,吉利,亨通。

【原文】

《彖》曰:泰,"小往大来,吉,亨",则是天地交而万物通也,上下交而其志同也。内阳而外阴,内健而外顺,内君子而外小人。君子道长,小人道消也。

【译文】

《彖传》说:泰,"失去小的,得到大的,吉利,亨通",则是天地阴阳交感,万物通达生长,君民上下交感、心志相同。内卦阳刚,外卦阴柔;内卦刚健,外卦柔顺;内卦为君子,外卦为小人。君子之道渐长,小人之道消退。

【原文】

《象》曰:天地交,泰。后以裁成天地之道,辅相天地之宜,以左右民。

【译文】

《大象传》说:《泰》卦的上卦是坤,坤为地;下卦是乾,乾为天。天地相交,是《泰》卦的卦象。大君效法此象当以裁度成就天地交合之道,辅助促成天地化生之宜,以支配佑助天下人民。

【原文】

初九:拔茅茹,以其汇,征吉。

《象》曰:"拔茅""征吉",志在外也。

【译文】

初九:拔起茅草,根系相连,远行出征吉利。

《小象传》说:"拔起茅草","远行出征吉利",说明初九爻的心志是向外进取的。

【原文】

九二:包荒①,用冯②河。不遐遗,朋亡,得尚③于中行。

《象》曰:"包荒","得尚于中行",以光大也。

【注释】

①包:取。荒:大川。
②冯(píng)河:徒步过河。
③尚:同"赏"。

【译文】

九二:取行大川,徒步过河。不因偏远而遗弃,没有结党营私。在道路正中而行,受到赏赐。

《小象传》说:"取行其大川","在道路正中而行,受到赏赐",是由于其德行光明正大的缘故。

【原文】

九三:无平不陂,无往不复,艰贞无咎,勿恤①其孚②,于食有福。

《象》曰:"无往不复",天地际也。

【注释】

①恤:忧虑。
②孚:同"复",返回。帛书《易》作"复"。

【译文】

九三:平地总会有起伏的斜坡,外出离开终要返回而归,在艰难中守正则可以免遭灾祸。不要担忧返归之事,安心享用自己的俸禄便有福庆。

《小象传》说:"外出离开终要返回而归",这是天地交接之际所表现出来的自然法则。

【原文】

六四:翩翩,不富以其邻,不戒以孚。

《象》曰:"翩翩不富",皆失实也。"不戒以孚",中心愿也。

【译文】

六四:来往翩翩,为人轻浮,不富有是由于邻居的缘故,不以诚信相告诫。

《小象传》说:"来往翩翩,为人轻浮,不富有",是说其皆失去阳实,同受损失。"不以诚信相告诫",是因其只有上居中心的愿望。

【原文】

六五:帝乙归妹,以祉①元吉。

《象》曰:"以祉元吉",中以行愿也。

【注释】

①祉(zhǐ):福。

【译文】

六五:帝乙嫁出少女,以此得福,开始即吉。

《小象传》说:"以此得福,开始即吉",是说其居中不偏,所以实现了自己的心愿。

【原文】

上六:城复于隍,勿用师,自邑告命,贞吝。

《象》曰:"城复于隍",其命乱也。

【译文】

上六:城墙倒塌于城壕中,不能出师,必须在邑中祷告天命。占问得到悔吝的征兆。

《小象传》说:"城墙倒塌于城壕中",天命变化,发展形势已经趋向错乱。

否卦第十二

☷ 坤下乾上

【题解】

本卦的卦名是否(pǐ)，原经文卦象后无"否"字。《否》卦卦象与《泰》卦相反，否下坤上乾，坤为地，乾为天，地在下，天在上。天在上则阳气继续上浮，地在下则阴气继续下降，以示阴阳二气隔绝，天地闭塞，不相通畅。从爻象看，三阴爻正处上升趋势，三阳爻正处消亡趋势，上下不通。从文字学角度看，否有闭塞阻隔不通、困厄不顺之义，"否者，闭而乱也。"(《汉书》卷三十六)魏张揖撰写的《广雅》称："否，拘隔也。"唐颜师古撰写《匡谬正俗》称："否者，蔽固不通之称。"就社会而言，正义受压，邪恶横行，对立的双方处于分裂状态，因而造成了被卦辞称之为"匪人"的时代。故此卦不利君子，对小人有利。从爻辞看，因阴爻居下有见长之势，故多不吉利，但初六爻代表事物之始，势力很弱，故有吉。九四、九五、上九三爻为阳，故辞多有吉。从六三到九四是转变，故九四称"有命"，上九《否》卦结束又变为泰卦，故"先否后喜"。立足于运动发展的观点，《否》卦勉励人们把握天道，竭力转闭塞为相通，创建新的社会秩序。

《泰》卦和《否》卦相互对应，相反相成。先讲好的一面，再讲不好的一面，好坏可以相互转化，好中有坏，坏中有好，好到极点可以变坏，坏到极点可以变好，成语"否极泰来"，讲的就是这个道理。明白好坏相互转化的道理，可以使人增强忧患意识，处世做人要时时小心谨慎，瞻前而顾后,居安而思危,然后才能立于不败之地。有了阻隔,产生了对立,就要想办法疏通、消解,把不利变为有利,把坏事变成好事。

【原文】

否:否之匪人,不利君子贞,大往小来。

【译文】

《否》卦:隔闭阻塞的不是那些应该被隔闭阻塞的人,此占不利君子,失去大的,得到小的。

【原文】

《彖》曰:"否之匪人,不利君子贞,大往小来",则是天地不交而万物不通也,上下不交而天下无邦也。内阴而外阳,内柔而外刚,内小人而外君子。小人道长,君子道消也。

【译文】

《彖传》说:"隔闭阻塞的不是那些应该被隔闭阻塞的人,此占不利君子,失去大的,得到小的",则是天地不能互相交感,万物生养受到阻隔而不能畅通。君民上下不相交合,天下分崩,不成邦国。内卦阴柔,而外卦阳刚;内卦柔顺,而外卦刚健;内卦为小人,而外卦为君子。小人之道增长,君子之道消退。

【原文】

《象》曰:天地不交,否。君子以俭德辟难,不可荣以禄。

【译文】

《大象传》说:《否》卦的上卦是乾,乾为天;下卦是坤,坤为地。天地不相交合,是《否》卦的卦象。君子效法此象应当以节俭为德,避免灾难,此时不可追求高官厚禄以荣华其身。

【原文】

初六:拔茅茹,以其汇,贞吉,亨。
《象》曰:"拔茅","贞吉",志在君也。

【译文】

初六:拔起茅草,根系牵连,占问征兆吉祥,亨通顺利。
《小象传》说:"拔起茅草,根系牵连其类""占问征兆吉祥",是说其心志在于报效君主。

【原文】

六二:包承,小人吉,大人否亨。
《象》曰:"大人否亨",不乱群也。

【译文】

六二:被包容并承顺尊者,小人吉,大人不顺利。
《小象传》说:"大人不顺利",是由于不被小人的群党所乱。

【原文】

六三:包羞。
《象》曰:"包羞",位不当也。

【译文】

六三:被包容为非,终致羞辱。

《小象传》说:"被包容为非,终致羞辱",说明此时所处的位置不当。

【原文】

九四:有命,无咎。畴离①祉。

《象》曰:"有命无咎",志行也。

【注释】

①畴:同类,众。后作"俦"。离:同"丽",附丽、附着。

【译文】

九四:君王有赏赐的命令,没有灾祸。同类众人相依,志同协力,可得福禄。

《小象传》说:"君王有赏赐的命令,没有灾祸",说明其志行施。

【原文】

九五:休否,大人吉。其亡其亡,系于苞①桑。

《象》曰:"大人"之"吉",位正当也。

【注释】

①苞:植。

【译文】

九五:闭塞已经停止,大人吉利。将要亡啊,将要亡啊,幸亏植桑而没有灭亡。

《小象传》说:"大人"终获大"吉",说明居位中正得当。

【原文】

　　上九:倾否,先否后喜。

　　《象》曰:"否"终则"倾",何可长也?

【译文】

上九:推翻闭塞不通的局面,起初闭塞不通,而后通泰欢喜。

《小象传》说:闭塞不通到了终极必然导致倾覆,怎么可长久呢?

同人卦第十三

䷌ 离下乾上

【题解】

本卦的卦名是同人,原经文卦象后没有"同人"二字。《同人》卦下离上乾,离为火,乾为天,天阳上升,离火炎上,志向相同,故曰同人。同人,同仁也;仁,人义通也。"人"通"仁",例如:"谓之好人"(《管子·侈靡》)、"术礼义而情爱人"(《荀子·修身》)、"故君子责人则以人,责己则以义"(《吕氏春秋·举难》)。仁是会意字,从人,从二。仁者,人也,故此卦以同仁为中心,反映的皆为同仁之事,说明了团结的原则。否极泰来后,出现了和乐通顺、人与人友善沟通的大同世界。人人破除私心和一家一族的偏见,求大同存小异,以天下为公,但也不是要千人一面,丧失原则和个性,而是推己及人,与人为善。同人是追求多样性的统一,追求对立面的相互渗透和统一。同人的这种同,其实就是和,就是西周末年史伯、春秋时期晏子和孔子所说的和。从卦辞看,说明志向相同的人多、范围广则办事亨通,并利于干大事。爻辞指明了志向相同的范围、程度和所影响的事功。初爻"同人于门"范围小;上九"同人于郊"志未伸,故"吝"和"无悔";九三、九四、九五以用兵和战争作为比喻,具体描述了战争的各个环节和各个方面,包括备战、作战和凯旋以及几种战斗场面等,向我们展示了古代形形色色的战争伏击时的紧张刺激,攻坚时的艰难顽强,被围时的绝望挣扎,获胜时的欣喜若狂,祝捷时的皆大欢喜……而在每个环节都离不开团结和纪律,说明求大同方能取胜,否则就会失败。

【原文】

同人:同人于野,亨。利涉大川,利君子贞。

【译文】

《同人》卦:在郊外聚集众人,亨通。有利于渡过大江大河,有利于君子占问。

【原文】

《彖》曰:同人,柔得位得中,而应乎乾,曰同人。
同人曰:"同人于野,亨,利涉大川。"乾行也。文明以健,中正而应,"君子"正也。唯君子为能通天下之志。

【译文】

《彖传》说:同人,阴柔温顺,得位居中,与乾健阳刚相应,所以称为同人。

《同人》卦卦辞说:"在郊外聚集众人,亨通,有利于渡过大江大河",这说明乾健阳道施行。禀性文明而又强健,处中得正而又相互应和,此为"君子"之正道。唯有君子才有通达天下人的心志。

【原文】

《象》曰:天与火,同人。君子以类族辨物。

【译文】

《大象传》说:《同人》卦的上卦是乾,乾为天;下卦是离,离为火。天与火其性同上、相互亲合,是《同人》卦的卦象。君子效法此象,应当按事物种类辨别事物异同。

【原文】

　　初九:同人于门,无咎。
　　《象》曰:出门同人,又谁咎也?

【译文】

　　初九:在门前聚集众人,没有灾祸。
　　《小象传》说:在门前聚集众人,出门就能和同亲于人,又有谁会有灾祸呢?

【原文】

　　六二:同人于宗,吝。
　　《象》曰:"同人于宗","吝"道也。

【译文】

　　六二:在宗庙聚集众人,不顺。
　　《小象传》说:"在宗庙聚集众人",这是"难行"之道。

【原文】

　　九三:伏戎于莽,升其高陵,三岁不兴。
　　《象》曰:"伏戎于莽",敌刚也。"三岁不兴",安行也。

【译文】

　　九三:把军队埋伏在密林草丛之中,又登上高陵观察形势,恐怕三年不能兴兵交战。

《小象传》说:"把军队埋伏在密林草丛之中",说明前敌力量强大。"三年不能兴兵交战",说明应该待时安行。

【原文】

九四:乘其墉,弗克攻,吉。

《象》曰:"乘其墉",义"弗克"也。其"吉",则困而反则也。

【译文】

九四:登上敌方的城墙,不再继续进攻,吉利。

《小象传》说:"登上敌方的城墙",不再进攻,说明在道义上不能再继续发动进攻。由此所得之吉,是由于处于困穷之时及时醒悟,而返于正道法则。

【原文】

九五:同人,先号咷①,而后笑,大师克相遇。

《象》曰:"同人"之"先",以中直也。"大师相遇",言相"克"也。

【注释】

①号咷(táo):即"嚎啕",大声哭喊。

【译文】

九五:会集起来的众人,起先大声痛哭,然后欢笑,大军攻克敌兵,会师相遇。

《小象传》说:"会集起来的众人,起先大声痛哭",是因为其正直执中。"大军相遇",是说其相互克敌胜利而会师。

【原文】

  上九:同人于郊,无悔。

  《象》曰:"同人于郊",志未得也。

【译文】

  上九:在郊外聚集众人,没有悔恨。

  《小象传》说:"在郊外聚集众人",说明其心志尚未实现。

大有卦第十四

䷍ 乾下离上

【题解】

大有是本卦卦名。《大有》卦下乾上离,乾为天,离为火为日,日火在天上无所不照,故为大有。从爻看,本卦唯一的阴爻六五居尊位而拥有五阳,阳为大,故曰大有。从文字上看,有的意思是丰收,大有就是大丰收。民以食为天,丰收意味着一年的辛劳有了令人满意的结果,温饱有了着落,生命又能延续下去。人生之中恐怕再难以有如此意义重大的事情了,所以大有指大的富有。大有其实是有大、所有的东西大,可以说是无所不大,包括物质的和精神的。国家昌盛,百姓富庶,这是普遍的愿望,卦辞对体现这种愿望的现实表达了赞美。此卦揭示了如何对待大有的道理,初九为事物之初,没有利害冲突,故无咎;九二居中无咎;九三要付出;九四不骄气;六五以阴居阳,并居中位,故既有威严,又有诚心,有吉;上九有天保佑,一切都吉利。要居有思无,居富思贫,因为知艰慎行,所以六条爻辞中没有"凶、吝"等辞。又因为对待富有的态度和所处的背景不同,以及知难慎行的程度不同,六爻的结果也各不相同。

【原文】

　　大有:元亨。

【译文】

《大有》卦:一开始就亨通。

【原文】

《彖》曰:大有,柔得尊位大中,而上下应之,曰大有。其德刚健而文明,应乎天而时行,是以"元亨"。

【译文】

《彖传》说:大有,阴柔温顺处居尊位,博大持中,而上下阳刚皆与它相应配合,所以称为"大有"。其德性刚健而又文明,顺应天道,因时而行,所以"一开始就亨通"。

【原文】

《象》曰:火在天上,"大有"。君子以遏恶扬善,顺天休命。

【译文】

《大象传》说:《大有》卦的上卦是离,离为火;下卦是乾,乾为天。火在天上,是《大有》卦的卦象。君子效法此象当遏止恶行,褒扬善事,以顺承天道,使其命更加完善。

【原文】

初九:无交害。匪咎艰①则无咎。

《象》曰:大有"初九","无交害"也。

【注释】

①艰:同"根",即根源。帛书本《易》作"根"。

【译文】

初九:没有涉及利害,没有灾祸根源也就没有灾祸。

《小象传》说:《大有》卦"初九爻",在事之初"没有涉及利害"。

【原文】

九二:大车以载,有攸往,无咎。

《象》曰:"大车以载",积中不败也。

【译文】

九二:用大车载物,有所前往,没有灾祸。

《小象传》说:"用大车载物",积聚居中才不毁坏。

【原文】

九三:公用亨①于天子,小人弗克。

《象》曰:"公用亨于天子",小人害也。

【注释】

①亨:同"享",指朝献。

【译文】

九三:公侯向天子朝献贡品,小人不能担当此任。

《小象传》说:"公侯向天子朝献贡品",小人担当此任会有祸害。

【原文】

九四:匪其彭①,无咎。

《象》曰:"匪其彭,无咎",明辩晢也。

【注释】

①彭(páng):同"旁",盛大。

【译文】

九四:不以盛大骄人,没有灾祸。

《小象传》说:"不以盛大骄人,没有灾祸",说明明辨事理,智慧过人。

【原文】

六五:厥孚交如,威如,吉。

《象》曰:"厥孚交如",信以发志也。"威如"之"吉",易而无备也。

【译文】

六五:以诚实守信交往处世,威严自然显现,吉利。

《小象传》说:"以诚实守信交往处世",是用诚信感发上下忠信之志。"威严"的"吉利",是说有威严而不用,只需行平易而无需防备。

【原文】

上九:自天祐之,吉无不利。

《象》曰:大有上吉,自天祐也。

【译文】

　　上九:有上天佑助,吉利,没有不吉利的。

　　《小象传》说:《大有》卦上爻的吉利,是因为"有上天佑助"。

谦卦第十五

☷☶ 艮下坤上

【题解】

谦是本卦卦名。《谦》卦下艮上坤,艮为山,坤为地,山高本在地上,而此卦象却是山处地下,故有谦虚之义。这一卦专门讨论谦虚这一道德品质。不难看出,讨论的前提是既定的:谦虚是一种美德,并且是有身份、有地位、有教养的君子必须具备的。从这个前提出发,进一步从各个角度来深化谦虚的内涵,把它与其他的品质联系起来,阐明了谦虚、谦让的道理,提出"谦谦""鸣谦""劳谦""谦"等辞,告诫人们谦虚是人的美德,"满招损,谦受益",要发扬谦虚的精神。从财富这个角度讲,若自己独富,不减损自己的财富,不去帮助欠缺的邻居,也不符合谦道,对于这种情况要检讨。《易经》六十四卦,只有《谦》卦下三爻皆吉,上三爻无不利,而且只要谦虚就能吉利,不再需要中、正、孚等其他条件,由此可见对谦虚的重视程度。《易经》讲得最多的就是告诉人们如何行动,讲谦虚也不例外。因此,本卦说的谦虚,不是谈吐方面的礼仪表现,它作为一种极受推崇的美德,是为人处世的准则之一。它要求人冷静分析现有成就,找出不如人意之处,从而客观地找准自己的位置,才高而不自恃,心高而不自傲,功高而不自居,名高而不自夸,不断优化行为,推动事业前进,使之更有利于个人、社会和国家。简言之,谦虚是为了顺利前进。这个准则要落实到行动上,应该说有相当的难度,它需要吃五谷杂粮的活人抵御各种欲望的诱惑和腐蚀。从另一个角度讲,正因为难以企及,才具有极大的吸引力,才使君子卓越不凡,让人高山仰止,倾慕心仪。这大概是"内圣外王"的境界之一,但愿我们都像真正的君子那样谦虚起来。

【原文】

谦:亨。君子有终。

【译文】

《谦》卦:亨通。君子谦让会有好的结果。

【原文】

《彖》曰:谦,"亨"。天道下济而光明,地道卑而上行。天道亏盈而益谦,地道变盈而流谦,鬼神害盈而福谦,人道恶盈而好谦。谦尊而光,卑而不可逾,君子之终也。

【译文】

《彖传》说:谦,"亨通"。天道下施于地,而光大其明;地道处居卑下,而源源上升。天道亏损盈满而增益欠缺,地道变换盈满而流注补益欠缺,鬼神祸害盈满而致富于谦虚,人道厌恶盈满而喜欢谦虚。谦道和尊让使自己愈加光明高大,处卑下而高不可越,这是君子德性修养的终极。

【原文】

《象》曰:地中有山,谦。君子以哀多益寡,称物平施。

【译文】

《大象传》说:《谦》卦的上卦是坤,坤为地;下卦是艮,艮为山。地中有山或高山低藏于地中,是《谦》卦的卦象。君子效法此象以取多补少,权衡事物,公平均施。

【原文】

初六:谦谦君子,用涉大川,吉。
《象》曰:"谦谦君子",卑以自牧也。

【译文】

初六:谦而又谦是君子应当具备的品德,有利于渡过大江大河,吉利。
《小象传》说:"谦而又谦的君子",处卑下之位,以谦卑的态度而自养其德。

【原文】

六二:鸣谦,贞吉。
《象》曰:"鸣谦,贞吉",中心得也。

【译文】

六二:有名声而又谦虚,所占吉利。
《小象传》说:"有名声而又谦虚,所占吉利",是说处守中正,内心谦逊才能赢得名声。

【原文】

九三:劳谦,君子有终,吉。

《象》曰:"劳谦君子",万民服也。

【译文】

九三:勤劳而又谦虚,君子有好的结果,吉利。

《小象传》说:"勤劳而谦虚的君子",广大百姓都信服顺从。

【原文】

六四:无不利,㧑谦①。

《象》曰:"无不利,谦",不违则也。

【注释】

①㧑(huī):挥;挥散。

【译文】

六四:没有什么不利,发挥扩散其谦虚的美德。

《小象传》说:"没有什么不利,发挥扩散其谦虚的美德",说明不违背谦的法则。

【原文】

六五:不富以其邻,利用侵伐,无不利。

《象》曰:"利用侵伐",征不服也。

【译文】

六五:不富有是由于邻居的缘故,适合出兵讨伐,没有什么不利。

《小象传》说:"适合出征讨伐",是说可以征伐那些骄横不服者。

【原文】

上六:鸣谦。利用行师,征邑国。

《象》曰:"鸣谦",志未得也。可"用行师","征邑国"也。

【译文】

上六:有名望而又谦虚,有利于兴师出兵,征伐邑国。

《小象传》说:"有名望而又谦虚",其志向没有得到实现。可以"兴师出兵","征伐邑国"。

豫卦第十六

☷ 坤下震上

【题解】

豫是本卦卦名。《豫》卦下坤上震,坤为地,震为雷,雷出地上,预示春天已到,万物生长而乐,故豫有乐之义。此卦为豫乐之卦,阐明了欢乐的深刻道理,提出欢乐的几种情况及其后果,告诫人们把握住欢乐的度,处安乐而不忘忧患,防止乐极生悲。如初爻乐得自"鸣"而有"凶",三爻媚颜附势求乐而有悔,上六沉溺安乐则生极,只有速变才能"无咎"。所以,实质上《豫》卦所说的自在安乐,其内容特点是追求环境气氛重于物质资料,心理上的悠然感受大于生理上的吃喝享受。要实现真正的乐,必须顺从客观规律,兴师率众,建立国家,使天下同归于乐,广乐天下,与民同乐,心乐安民,故卦辞说:"利建侯,行师。"同时,乐应有度,不能"逸豫无期"或享乐无度,不能因乐丧志,吃祖宗饭造子孙孽。豫是好事,也能变成坏事。变与不变,关键在于能否正确对待。因此,爻辞着重从反面立意,依据各爻的实际情况,提示处乐避凶的途径。特别是上六小象说的"冥豫何可长也",是对整天沉迷酒色的统治者的严重警告。

【原文】

豫:利建侯,行师。

【译文】

《豫》卦:有利于封侯建国,出兵作战。

【原文】

《彖》曰:豫,刚应而志行,顺以动,豫。豫,顺以动,故天地如之,而况"建侯行师"乎?天地以顺动,故日月不过,而四时不忒。圣人以顺动,则刑罚清而民服。豫之时义大矣哉!

【译文】

《彖传》说:《豫》卦,阳刚得阴柔相应,其志向才能行施,顺从其性而动,这就是豫。豫,顺性而动,所以天地的运行都遵从这一规律,更何况"封侯建国、出兵作战"这些事情呢?天地按照其运行规律而运动,所以日月的运行从来没有出现过失误,而四时更替循环也不会有差错。圣人顺时而动,则刑罚清明而百姓信服顺从。《豫》卦所包含的意义太大啦!

【原文】

《象》曰:雷出地奋,豫。先王以作乐崇德,殷荐之上帝,以配祖考。

【译文】

《大象传》说:《豫》卦的上卦是震,震为雷;下卦是坤,坤为地。雷出在地上震动,是《豫》卦的卦象。先王效法此象,制作音乐以尊崇其德,用盛大的祭祀进献于天帝,以祭祀祖先。

【原文】

　　初六:鸣豫,凶。

　　《象》曰:初六"鸣豫",志穷凶也。

【译文】

初六:以欢乐喜悦而闻名,将有凶险。

《小象传》说:"初六爻以欢乐喜悦而闻名",说明欢乐志穷极而有"凶险"。

【原文】

　　六二:介于石,不终日,贞吉。

　　《象》曰:"不终日,贞吉",以中正也。

【译文】

六二:中正坚定如磐石,这种情况没有持续一整天,坚守正固则可得吉。

《小象传》说:"这种情况没有持续一整天,坚守正固则可得吉",是因为用中正之道的缘故。

【原文】

　　六三:盱①豫,悔。迟,有悔。

　　《象》曰:"盱豫有悔",位不当也。

【注释】

①盱(xū):睁大眼睛、睁开眼睛向上看、仰望。

【译文】

六三：仰视于上，以媚颜附势为乐，则有悔恨。行动缓慢不定，亦使人后悔。

《小象传》说："仰视于上，以媚颜附势为乐，则有悔恨"，是说六三爻居处的位置不适当。

【原文】

九四：由豫，大有得。勿疑，朋盍簪。

《象》曰："由豫，大有得"，志大行也。

【译文】

九四：从娱乐喜悦中大有所得，勿需疑虑，朋友聚合如簪。

《小象传》说："从娱乐喜悦中大有所得"，说明其志向大为施行。

【原文】

六五：贞疾，恒不死。

《象》曰："六五贞疾"，乘刚也。"恒不死"，中未亡也。

【译文】

六五：占问疾病，长时间内不会死去。

《小象传》说："六五占问有疾病"，是乘阳刚造成的。"长时间内不会死去"，说明居中守正就不会死亡。

【原文】

上六：冥豫成，有渝，无咎。

《象》曰："冥豫"在上，何可长也？

【译文】

　　上六:日暮仍在娱乐,及早改已没有灾害。

　　《小象传》说:"日暮仍在娱乐"且居于上位,如何能长久呢?

随卦第十七

☰ 下震上兑

【题解】

随是本卦卦名。《随》卦下震上兑,震为雷,兑为泽,雷进入泽下,雷响泽随,故此卦有随从之义。随的意思是顺从,相随,"随,从也"(《说文解字》)。卦辞以"元亨,利贞"说明只要以"正"相随,则可无咎。初九位正,无论发生什么变化,皆可随从,其结果则"吉""有功"。六二、六三,只能随从一个,二者不能兼得,必须根据情况做出抉择。九四、九五爻说明随从则有所得,但要防凶。上六以文王被囚说明,为使文王随从,先囚后放。

《随》卦讲的随和、随时和随从,中心是要人们明白顺时而动,注意把握时机、进退有止的道理,实质是从善。不论对人对事都应择善而从,向善良者学习。它鼓励人们舍弃一己的偏见私利,择善而从,追随正义之师、君子之道,不要固执己见,要善于听从,采纳别人的中肯意见。但这并不是要人丧失原则和立场,而是要人内圆外方,柔中带刚,将坚持己见与吸取别人有益的建议有机结合起来。本卦的结构是阴性卦在上、阳性卦在下,上下两卦又是阴画在上、阳画在下。这种多层次的阳下于阴的结构特点,在崇阳抑阴的《易经》当中是少有的变例,从而突出了从善的含义。为了强调从善,六爻之间的关系也一反惯例,不表现为阴阳相应,只表现为相比相从,而且是初从二、二从三式地朝着一个方向去追从,其中寓意为向"善"前进。

【原文】

　　　　随:元亨,利贞,无咎。

【译文】

　　《随》卦:开始就亨通顺利,宜于守正,没有灾祸。

【原文】

　　《彖》曰:随,刚来而下柔,动而说①,随。"大亨贞,无咎",而天下随时,随时之义大矣哉!

【注释】

　　①说:同"悦"。

【译文】

　　《彖传》说:随,阳刚谦居于阴柔之下,下动而上悦,所以称为随。"大道亨通,坚守正道,没有灾祸",天下万事万物皆随时而变化。《随》卦所含的意义太大啦!

【原文】

　　《象》曰:泽中有雷,随。君子以向晦入宴息。

【译文】

　　《大象传》说:《随》卦的上卦是兑,兑为泽;下卦是震,震为雷。泽中有雷动,是《随》卦的卦象。君子效法此象,依顺作息规律,在夜晚之时,当返回家中卧寝休息。

【原文】

初九:官①有渝,贞吉,出门交有功。

《象》曰:"官有渝",从正吉也。"出门交有功",不失也。

【注释】

①官:同"馆",指馆舍。

【译文】

初九:馆舍发生变故,占问吉利。出门与人交遇,互相帮助,能够获得成功。

《小象传》说:"馆舍发生变故",是说随行正道可以获得吉祥。"出门与人交遇,互相帮助,能够获得成功",这是不失正道的缘故。

【原文】

六二:系①小子,失丈夫。

《象》曰:"系小子",弗兼与也。

【注释】

①系:捆绑,可以引申为系恋,随从。

【译文】

六二:捆绑小孩,失掉了成年人。

《小象传》说:"捆绑小孩",说明要有取舍,不能兼而有之。

【原文】

六三:系丈夫,失小子。随有求得,利居贞。

《象》曰:"系丈夫",志舍下也。

【译文】

六三:捆绑成年人,失掉小孩。随从别人,有求而得,利于居家守正。

《小象传》说:"捆绑成年人",说明其志向在于舍弃在下的小子。

【原文】

九四:随有获,贞凶。有孚在道,以明①,何咎?

《象》曰:"随有获",其义凶也。"有孚在道","明"功也。

【注释】

①明:同"盟",结盟。

【译文】

九四:随从别人,有所收获,占问得到凶兆。然而,心存诚信,坚守正道,互相订立了盟约,有何灾害?

《小象传》说:"随从别人,有所收获",其失正且处于多惧之地,辞义有"凶"。"心存诚信,坚守正道",这是"盟誓"所起的功效。

【原文】

九五:孚于嘉,吉。

《象》曰:"孚于嘉,吉",位正中也。

【译文】

九五:存诚信于善美之中,吉利。

《小象传》说:"存诚信于善美之中,吉利",是因为九五爻得正居中。

【原文】

　　上六：拘系之，乃从维之。王用亨于西山。

　　《象》曰："拘系之"，上穷也。

【译文】

　　上六：先遭囚禁，后又获释，以此来维持相互之间的关系。君王是在他们不能协调、不能沟通的时候才用这种手段。

　　《小象传》说："遭到囚禁"，说明上六爻已达穷极境地。

蛊卦第十八

䷑ 巽下艮上

【题解】

蛊(gǔ)是本卦卦名。《蛊》卦下巽上艮,巽为风,艮为山,其卦象为山下有风,风遇山而回,则物皆散乱,故为有事。蛊的本义为人肚子里的寄生虫。"蛊,腹中虫也。"(《说文解字》)在此,蛊有"事""惑""乱"之义,引申为过失。此卦为治蛊之卦,卦词"元亨,利涉大川"意在说明面临惑乱之事,适合拨乱反正,干一番大事业。

《蛊》卦认为,事情总是日久生弊,积弊成乱,乱而复治,"终则有始,天行也"。因此,面对积弊的状况,必须坚定信心,积极治理,把由乱到治的必然性和治蛊的能动性结合起来,推动新局面的出现。很明显,蛊卦象征的是日久生弊,但内容重点却放在治蛊方面。卦中提出,治蛊首先要加强教化,提高素质,"振民育德"。其次,审慎制定方案,在实施过程中还要区分情况,灵活运用,讲究方式方法,并注意保护父辈的声誉。爻辞反复出现"干""蛊",表明在不同条件下治理惑乱所采取的方法和效果。

【原文】

蛊:元亨,利涉大川。先甲三日,后甲三日。①

【注释】

①先甲三日,后甲三日:这里是占问日期。甲,是指天干中的第一干,古代以干支记日,所谓天干共十,即甲、乙、丙、丁、戊、己、庚、辛、壬、癸。地支共十二,即子、丑、寅、卯、辰、巳、午、未、申、酉、戌、亥。古人记录时间的方法是:每年十二个月,每个月分三旬,每旬为十天,这十天依次用甲、乙、丙、丁、戊、己、庚、辛、壬、癸十个字表示。按照这种方法,先甲三日就是辛日,后甲三日就是丁日。

【译文】

《蛊》卦:开始就亨通顺利,有利于渡过大江大河,当以甲日前三天的辛日、甲日后三天的丁日出发为宜。

【原文】

《彖》曰:蛊,刚上而柔下,巽而止,蛊。"蛊,元亨",而天下治也。"利涉大川",往有事也。"先甲三日,后甲三日",终则有始,天行也。

【译文】

《彖传》说:蛊,阳刚居上位,阴柔居下位,逊顺而知止,所以称为蛊。"蛊,开始就亨通",天下大治。"有利于渡过大江大河",勇敢努力前往,有事发生,可以大有作为。"甲日前三天的辛日、甲日后三天的丁日",有终有始,周而复始,契符天道运行的规律。

【原文】

《象》曰:山下有风,蛊。君子以振民育德。

【译文】

《大象传》说:《蛊》卦的上卦是艮,艮为山;下卦是巽,巽为风。山下有风,是《蛊》卦的卦象。君子效法此象,当救济民众,培育德性,以增加其感召力。

【原文】

　　初六:干①父之蛊,有子,考无咎。厉,终吉。
　　《象》曰:"干父之蛊",意承考也。

【注释】

①干:匡正、挽救,即《文言》释《乾》所谓"贞固足以干事"之"干"。

【译文】

　　初六:匡正父亲的过失,有这样的儿子,则父亲没有灾祸。虽有危厉,最终结果吉利。
　　《小象传》说:"匡正父亲的过失",表明其意在继承父亲的遗志。

【原文】

　　九二:干母之蛊,不可贞。
　　《象》曰"干母之蛊",得中道也。

【译文】

　　九二:匡正母亲的过失,不可过分固执守正。
　　《小象传》说:"匡正母亲的过失",说明其已得中庸之道。

【原文】

九三:干父之蛊,小有悔,无大咎。
《象》曰:"干父之蛊",终"无咎"也。

【译文】

九三:匡正父亲的过失,虽多少有些后悔,但却没有大的灾祸。
《小象传》说:"匡正父亲的过失",最终结果是"没有灾祸"。

【原文】

六四:裕父之蛊,往见吝。
《象》曰:"裕父之蛊",往未得也。

【译文】

六四:宽容父亲的过失,实行起来会有困难和遗憾。
《小象传》说:"宽容父亲的过失",继续往前,不会有收获。

【原文】

六五:干父之蛊,用誉。
《象》曰:"干父之蛊",承以德也。

【译文】

六五:以荣誉来匡正父亲的过失。
《小象传》说:"用荣誉来匡正父亲的过失",需以美德才能振兴家业。

【原文】

　　上九：不事王侯，高尚其事。

　　《象》曰："不事王侯"，志可则也。

【译文】

上九：不侍奉王侯，高尚自守其事。

《小象传》说："不侍奉王侯"，这样高尚的志向可以效法。

临卦第十九

☷ 兑下坤上

【题解】

临是本卦卦名。《临》卦下兑上坤,兑为泽在下,坤为地在上,泽卑地高,高下相临,故临有治理、统治的含义。从文字学角度看,"临"的金文字形,右边是人,左上角像人的眼睛,左下角像众多的器物,整个字形像人俯视器物的样子,所以"临"的本义是从高处往下看和治理。统治者如何进行统治,如何使臣民归顺服从,历来是政治家们关注的焦点,《临》卦揭示了上治下、君治民的道理。统治者既要有高尚的品德,为人正派,严于律己,宽于待人,具有人格的感召力,树立起自己的威信,还要有知人之明,善于选贤识能,并使上下融洽,万众一心。统治的中心原则是讲究以德服人,依靠感化的力量来使人心悦诚服,不能倚仗权力或武力来强行压制。从卦中看,阳刚渐长,道德力量在不断发展,生机盎然,前途吉祥。作为统治者,治理民众有多种方法,如感化方法(感临),劝说欺骗方法(甘临),亲临下层方法(至临),运用智慧方法(知临),敦厚仁惠方法(敦临)等。总起来看,内卦三爻讨论感化、温和与忧民政策,讲的是德治;外卦三爻讨论统治者躬亲、明智和敦厚的品行,说的是人治。

【原文】

临:元亨,利贞。至于八月有凶。

【译文】

《临》卦:开始亨通顺利,利于守正。到了八月将有凶事发生。

【原文】

《彖》曰:临,刚浸而长,说而顺,刚中而应。大"亨"以正,天之道也。"至于八月有凶",消不久也。

【译文】

《彖传》说:临,阳刚渐渐增长,喜悦而顺从,阳刚居中而有应。坚守其正,获得极大的"亨通",这才体现了天道。"到了八月将有凶事发生",这是因为阴阳互相消长,八月阳气渐衰阴气渐盛,阳刚盛势不可能长久的缘故。

【原文】

《象》曰:泽上有地,临。君子以教思无穷,容保民无疆。

【译文】

《大象传》说:《临》卦的下卦是兑,兑为泽;上卦是坤,坤为地。泽上有地,是《临》卦的卦象。君子效法此象,应当永久不断地施以教化,促其慎思追远,宽容保护黎民百姓无有限量。

【原文】

初九:咸①临,贞吉。

《象》曰:"咸临,贞吉",志行正也。

【注释】

①咸:感知;感化。

【译文】

初九:以感化之心治理百姓,占问征兆吉利。

《小象传》说:"以感化之心治理百姓,占问征兆吉利",这是由于其志行正道的缘故。

【原文】

九二:咸临,吉,无不利。

《象》曰:"咸临,吉,无不利",未顺命也。

【译文】

九二:以感化之心治理百姓,吉利,没有什么不吉利的。

《小象传》说:"以感化之心治理百姓,吉利,没有什么不吉利的",是说并非因为阳刚居九二听从天命之故。

【原文】

六三:甘临,无攸利。既忧之,无咎。

《象》曰:"甘临",位不当也。"既忧之",咎不长也。

【译文】

六三:只凭甜言蜜语治理百姓,没有什么好处。已经知道这一点而心存忧惧,就没有灾祸。

《小象传》说:"只凭甜言蜜语治理百姓",是说六三爻位不当。"已经知道这一点而心存忧惧",其灾祸就不会长久。

【原文】

六四:至临,无咎。

《象》曰:"至临,无咎",位当也。

【译文】

六四:下临民情,亲自处理国事,没有灾祸。

《小象传》说:"下临民情,亲自处理国事,没有灾祸",是因为其位正当,君王称职。

【原文】

六五:知①临,大君之宜,吉。

《象》曰:"大君之宜",行中之谓也。

【注释】

①知:同"智",明智。

【译文】

六五:用聪明睿智治理百姓,国君处理事情得当,吉利。

《小象传》说:"国君处理事情得当",说的就是履行中道。

【原文】

上六：敦临,吉,无咎。

《象》曰:"敦临"之吉,志在内也。

【译文】

上六:以敦厚诚实治理百姓,吉利,没有灾祸。

《小象传》说:"以敦厚诚实治理百姓,吉利",说明其心志在内。

观卦第二十

☷ 坤下巽上

【题解】

观是本卦卦名。《观》卦下坤上巽,坤为地在下,巽为风在上,风在地上行,吹及百物,有遍览之义。观的意思是观察、观看、观视,有两层含义:下观上和上观下。下观上,需要统治者做出样子,能起到表率作用,让臣民通过瞻仰,受到感化,并且要求统治者时刻反省检讨自己,这样才能得到下层人民的真心拥护和信服;或通过让人观看壮观盛大、庄严肃穆的祭祀典礼及各种美好事物,施行神道设教,感化人心,使人生发景仰归附之心。上观下,帝王考察民情民俗民风民心民意,广泛了解到百姓实际和民生疾苦,决定教化措施,了解推行实施政策的好坏,从而纠偏救弊。卦辞反映了古代祭祀的场面,虔诚、恭敬、庄严等等,蔚为壮观。爻辞指明了几种观视的类型:初六居下,象征事物之始,故辞有"童观"。六二为阴爻得位居中,故有适合女人的"窥观",这是狭隘的观视之道。而君子之观道,是观国、观民的道理,即六三、六四、九五、上九的"观生""观国"之"大观",这是利民利国之观道。由此可见,《观》卦是关于古代社会教化问题的卦,主要论述了观视的道理,社会教化的原则及方法。

【原文】

观:盥①而不荐②,有孚颙若③。

【注释】

①盥(guàn):以手承水冲洗而下流于盘,古代指祭奠祭祀前的洗手。
②荐:献,奉献酒食用以祭祀。
③颙(yóng)若:崇敬仰慕、温和肃敬的样子。马融注:"敬也。"虞翻注:"君德有威容貌。"

【译文】

《观》卦:祭祀前洗手自洁,还没有奉献用以祭祀的酒食,应当心存虔诚,温和肃穆。

【原文】

《彖》曰:大观在上,顺而巽,中正以观天下,观。"盥而不荐,有孚颙若",下观而化也。观天之神道,而四时不忒。圣人以神道设教,而天下服矣。

【译文】

《彖传》说:宏大壮观,高高在上,顺从而逊让。君王居守中正而观视天下,所以称为观。"祭祀前洗手自洁,还没有奉献用以祭祀的酒食,应当心存虔诚,温和肃穆",在下者通过观示于上而得到感化。观示自然运行的神妙法则,既而可知四时更替不出差错的道理。圣人效法自然运行的神妙法则来设立教化,天下万民纷纷顺服。

【原文】

《象》曰:风行地上,观。先王以省方观民设教。

【译文】

《大象传》说:《观》卦的下卦是坤,坤为地,上卦是巽,巽为风。风吹拂于地上而遍及万物,是《观》卦的卦象。先代君王效法此象巡狩省察四方,观示民风民情,以设立政教感化民众。

【原文】

初六:童观,小人无咎,君子吝。
《象》曰:"初六童观",小人道也。

【译文】

初六:像幼稚的儿童一样观察问题,这对小人来说不会有害处,君子难免会有遗憾。
《小象传》说:"像幼稚的儿童一样观察问题",这是"小人"之道。

【原文】

六二:窥观,利女贞。
《象》曰:"窥观,女贞",亦可丑也。

【译文】

六二:从门缝中窃看,有利于女子守正。
《小象传》说:"从门缝中窃看,女子守正",但不能大观,否则亦可为丑辱。

【原文】

　　　　六三：观我生，进退。

　　　　《象》曰："观我生，进退"，未失道也。

【译文】

　　六三：观察自己的庶民，以决定其进退政策。

　　《小象传》说："观察自己的庶民，以决定其进退政策"，这样做没有失去治民之道。

【原文】

　　　　六四：观国之光，利用宾于王。

　　　　《象》曰："观国之光"，尚宾也。

【译文】

　　六四：观察一国风俗民情的盛况，有利于成为君王的宾客和辅佐。

　　《小象传》说："观察一国风俗民情的盛况"，说明此国崇尚尊重贤士。

【原文】

　　　　九五：观我生，君子无咎。

　　　　《象》曰："观我生"，观民也。

【译文】

　　九五：观察自己的庶民，君子不会有祸患。

　　《小象传》说："观察自己的庶民"，就是省察民情。

【原文】

　　上九：观其生，君子无咎。

　　《象》曰："观其生"，志未平也。

【译文】

　　上九：观察他国庶民，君子不会有祸患。

　　《小象传》说："观察他国庶民"，说明天下未安，君王志向难平。

噬嗑卦第二十一

震下离上

【题解】

噬嗑(shì hé)是本卦的卦名。《噬嗑》卦下震上离,震为雷,离为电为明,电闪雷鸣,故有雷电合并之义,故此卦有合之义。从爻画看,初爻和末爻为阳实,上下两阳实恰似人口腔的上下嘴唇或牙齿,中间为阴虚,中间第四爻是阳实。阳者,刚也,因此从卦象上看可将九四爻解释为嘴中硬物。嘴是一张一合之物,中间有硬物便必然难合,必须通过咬物而合。刑罚像一个大口,犯人像物,刑罚惩治犯人就像口咬合,爻辞初九、上九皆有此意,是说像口一样,刑具咬合犯人的身体器官。六二、六三、九四、六五皆以口咬某一具体东西说明咬合之道。所以,此卦以口咬物,象征用刑罚治理犯人。卦辞说"亨,利用狱",表明治理国家不能光靠教化,还必须有刑罚。

【原文】

噬嗑:亨,利用狱。

【译文】

《噬嗑》卦:亨通,有利于处理刑狱之事。

【原文】

《彖》曰:颐中有物,曰"噬嗑"。噬嗑而"亨",刚柔分,动而明,雷电合而章。柔得中而上行,虽不当位,"利用狱"也。

【译文】

《彖传》说:口腔中的物体,叫做"噬嗑"。噬嗑能"亨通",是说本卦阳刚阴柔上下分开,动而光明,雷电相合而彰明。阴柔处得中位,向上而行,虽然它居位不当,但是"有利于处理刑狱之事"。

【原文】

《象》曰:电雷①,噬嗑,先王以明罚敕法。

【注释】

①电雷:朱熹、项安世等人作"雷电",熹平石经本作"电雷",又按《象》之惯例,称卦象皆由上而下,如"云雷,屯","雷风,恒","风雷,益"等,故此改动有道理。若依"雷电",很易与《丰》卦卦象混淆。

【译文】

《大象传》说:《噬嗑》卦的上卦是离,离为火;下卦是震,震为雷。电闪雷鸣,雷电交击,是《噬嗑》卦的卦象。先王效法此象,明其刑罚,正其法令。

【原文】

初九:屦①校②灭③趾,无咎。
《象》曰:"屦校灭趾",不行也。

【注释】

①屦(jù):即"履",鞋子。今时所谓履者,自汉以前皆名屦,用"鞋"是唐以后的事了。此指加在足上。

②校:古代木制刑具的通称,加于颈称"枷",加于手称"梏",加于足称"桎"。这里指加在足上的桎。

③灭:遮盖、遮没。

【译文】

初九:足上戴着刑具,遮没了脚趾,没有灾祸。

《小象传》说:"足上戴着刑具,遮没了脚趾",不能行走。

【原文】

六二:噬肤①灭鼻,无咎。

《象》曰:"噬肤灭鼻",乘刚也。

【注释】

①肤:古代用于祭祀或供食用的肉类。郑玄注《礼记》"糜肤,鱼醢"时说:"肤,切肉也。"

【译文】

六二:吃肉掩没了鼻子,没有灾祸。

《小象传》说:"吃肉掩没了鼻子",六二阴柔乘凌于初九阳刚上面。

【原文】

六三:噬腊肉,遇毒,小吝,无咎。

《象》曰:"遇毒",位不当也。

【译文】

六三:吃干肉中毒,小有不适,但没有灾祸。

《小象传》说:"中毒",说明其居位不当。

【原文】

九四:噬干胏①,得金矢②,利艰贞,吉。

《象》曰:"利艰贞,吉",未光也。

【注释】

①胏(zǐ):带骨头的干肉。

②金矢:铜制箭头。

【译文】

九四:吃带骨头的干肉,发现肉中有铜箭头,这预示着宜于艰难中守正则吉利。

《小象传》说:"利于艰难中守正则有吉",阳刚还未广大。

【原文】

六五:噬干肉,得黄金,贞厉,无咎。

《象》曰:"贞厉,无咎",得当也。

【译文】

六五:吃肉干发现黄铜,只要坚守正道,防备凶险,便无祸害。

《小象传》说:"坚守正道,防备凶险,便无祸害。"适中而得当。

【原文】

上九:何校①灭耳,凶。

《象》曰:"何校灭耳",聪不明也。

【注释】

①何:用作"荷",意思是负戴。校:这里指加在脖子上的刑具枷。

【译文】

上九:脖子上戴着刑具,遮没了耳朵,凶险。

《小象传》说:"脖子上戴着刑具,遮没了耳朵",耳朵听不清楚。

贲卦第二十二

☲ 离下艮上

【题解】

贲(bì)是本卦卦名。《贲》卦下离上艮,离为火,艮为山,山上有火照,有山被火光文饰之,故此卦有修饰、掩饰之义。从爻画看,六条卦画刚柔相济,阴阳合体,刚中有柔,阴中有阳,六爻在阴阳交错相杂中呈现相互修饰的现象。所以,此卦是以修饰为中心,说明修饰功用,以及在不同的条件下,修饰所带来的后果不同。下卦三爻象征文的程度不断提高,因此爻辞反复提醒不要脱离内质。上卦三爻象征由文返朴,爻辞也一再询问返朴是否恰当。

从此卦中我们可以看到崇尚朴素自然的至美境界。着眼于文,立足于质,文饰不尚艳华,适如其分,无本不立,无文不行,文必从质,阴必从阳,非阳则不能自进,非质则不能自立。文须以质为先,恰如卦画是由阳线起又以阳线止一样,作为文饰的阴柔必须随从质的变化而变化。没有内质的实在,文饰即使再华美也会没有实在意义,不充实提高自己,光靠追求高级、豪华来苦撑门面,毕竟不是正道。此卦告诫人们要正确地利用修饰之道,以趋利避害。

【原文】

贲:亨。小利有攸往。

【译文】

《贲》卦:亨通。有小利,可以前往。

【原文】

《彖》曰:贲,"亨",柔来而文刚,故"亨"。分刚上而文柔,故"小利有攸往"。刚柔交错①,天文也;文明以止,人文也。观乎天文,以察时变;观乎人文,以化成天下。

【注释】

①刚柔交错:王弼、郭京、孔颖达、朱熹等人均认为在"天文"前脱落"刚柔交错"一句,从而补之。

【译文】

《彖传》说:贲,"亨通",阴柔文饰阳刚,所以"亨通"。内卦中有一阳刚来文饰阴柔,故"有小利,可以前往"。日月星辰刚柔交错,这是天的文饰;得文明而知止于礼义,这是人文。观于天文,可以察知时节变化;观于人文,可以教化天下。

【原文】

《象》曰:山下有火,贲。君子以明庶政,无敢折狱。

【译文】

《大象传》说:《贲》卦的下卦是离,离为火;上卦是艮,艮为山。山下有火照,万物通明,如同披彩,是《贲》卦的卦象。君子效法此象,当明察众政,不能用修饰的方法轻易地判断讼狱。

【原文】

初九:贲其趾,舍车而徒。

《象》曰:"舍车而徒",义弗乘也。

【译文】

初九:修饰自己的脚趾,不坐车徒步而行。

《小象传》说:"不坐车徒步而行",说明初九从道义上不应该乘车。

【原文】

六二:贲其须。

《象》曰:"贲其须",与上兴也。

【译文】

六二:修饰自己的面庞胡须。

《小象传》说:"修饰自己的面庞胡须",六二之阴从上承顺九三则可兴起。

【原文】

九三:贲如濡①如,永贞吉。

《象》曰:"永贞"之"吉",终莫之陵也。

【注释】

①濡:湿润而光泽。

【译文】

九三:修饰得光泽柔润,长久守正则可以得吉。

《小象传》说:"永远守正"有"吉",最终没有遭受凌侮。

【原文】

六四:贲如皤①如,白马翰如②,匪寇婚媾。

《象》曰:"六四"当位,疑也。"匪寇婚媾",终无尤也。

【注释】

①皤(pó):老人发白曰"皤",此指白色文素之貌。
②翰如:马奔跑像鸟飞的一样快。翰:马头高昂,这里指马飞驰的样子。

【译文】

六四:修饰素白,白马昂头往前奔驰如飞,他们不是敌寇强盗,而是来求婚的。

《小象传》说:"六四爻"虽当位得正,但心中却疑虑重重。"不是敌寇强盗,而是来求婚的",最终没有怨尤。

【原文】

六五:贲于丘园,束帛①戋戋②,吝,终吉。

《象》曰:"六五"之"吉",有喜也。

【注释】

①帛:丝织品总称。束:五匹帛为一束。
②戋戋:指很少。

【译文】

六五:修饰家园,虽然只有一束微薄的丝绢,显得吝啬,然而最终结果吉利。

《小象传》说:"六五爻"的"吉庆",说明有喜事降临。

【原文】

上九:白贲,无咎。

《象》曰:"白贲无咎",上得志也。

【译文】

上九:装饰素白,不喜好华丽,没有灾祸。

《小象传》说:"装饰素白,不喜好华丽,没有灾祸",说明在上位达到崇尚质朴的志向。

剥卦第二十三

☷ 坤下艮上

【题解】

剥是本卦卦名,剥的意思是击打、分离、掉落、脱落、剥灭、剥落、侵蚀、浸蚀。《剥》卦下坤上艮,坤为地,艮为山,虽然山高地卑,但山还要依附于地,有剥落之义。从爻画看,五阴爻居下,一阳爻居上,五阴剥落一阳,属阴盛阳衰、阳为阴迫之势,所以,此卦是剥落之卦。《剥》卦所讲的阴剥阳,含义抽象,涵盖面广。凡是事物的衰落,风气的变坏,一切走下坡路的现象,都属于阴剥阳的范围。其卦爻辞皆围绕剥落而作,卦辞"不利有攸往",说明处阴盛剥阳之世,阴盛阳衰,社会因缺乏阳刚之气和创造力而陷入停滞、混乱和非理性,不利于有所作为。爻辞初、二、三、四以剥床为例,说明由剥落而带来的危害由小到大、由微逐渐蔓延扩大,而五爻说明在昏暗之世,对于君子来说是有凶,而对于官女则会受到宠爱(因统治荒淫无度的缘故)。上爻居上位,君子得车则为民,小人夺房屋则为己。卦中显示,剥落的过程从下面开始,从根上烂起,为了防止事情变坏,君子必须顺应这条规律,"厚下安宅",为"民所载"。

【原文】

剥:不利有攸往。

【译文】

《剥》卦:不宜于有所前往。

【原文】

彖曰:剥,剥也,柔变刚也。"不利有攸往",小人长也。顺而止之,观象也。君子尚消息盈虚,天行也。

【译文】

《彖传》说:剥,就是剥落,阴柔剥而变阳刚。"不宜于有所前往",说明小人的势力正在壮大。顺从时势,停止前行,这是观察卦象的结果。君子崇尚阴阳的消亡生息盈满亏虚之理,这是顺天而行。

【原文】

《象》曰:山附于地,剥。上以厚下安宅。

【译文】

《大象传》说:山受侵蚀逐渐接近于地面,是《剥》卦的卦象。位居在上的人应当效法此象,以厚德施于下层庶民而使之安居。

【原文】

初六:剥床以足,蔑①贞,凶。
《象》曰:"剥床以足",以灭下也。

【注释】

①蔑:无,不用。

【译文】

初六:剥落床体先及床脚,不必占问,结果凶险。

《小象传》说:"剥落床体先及床脚",指损坏毁灭其下层基础。

【原文】

六二:剥床以辨①,蔑贞,凶。

《象》曰:"剥床以辨",未有与也。

【注释】

①辨:用作"牑",意思是床板、床干。

【译文】

六二:剥落床体及于床干,不必占问,结果凶险。

《小象传》说:"剥落床体及于床干",说明没有阳刚与此相应。

【原文】

六三:剥之①,无咎。

《象》曰:"剥之无咎",失上下也。

【注释】

①之:代词,指床。

【译文】

六三:虽被剥落,却没有什么灾祸。

《小象传》说:"虽被剥落,却没有什么灾祸",因为六三脱离了上下阴爻的行列,而独与阳爻上九相应。

【原文】

　　六四:剥床以肤①,凶。

　　《象》曰:"剥床以肤",切近灾也。

【注释】

①肤:辨上称肤,这里指床上的席子。

【译文】

六四:剥床到达床席,凶险。

《小象传》说:"剥床到达床席",是说已经临近灾祸了。

【原文】

　　六五:贯鱼①以宫人宠,无不利。

　　《象》曰:"以宫人宠",终无尤也。

【注释】

①贯:穿,以绳穿物曰贯。贯鱼,即以绳穿鱼,此指相次而入。

【译文】

六五:受宠宫人鱼贯而入,没有什么不利。

《小象传》说:"以宫人而得到宠爱",最终没有过失。

【原文】

　　上九:硕果不食,君子得舆,小人剥庐。

　　《象》曰:"君子得舆",民所载也。"小人剥庐",终不可用也。

【译文】

上九:硕大的果实自己不能享受,君子可得到车舆,小人则剥去屋舍。

《小象传》说:"君子得到车舆",是由于众民拥戴。"小人剥去房舍",是由于小人终究是不可以任用的。

复卦第二十四

☳ 震下坤上

【题解】

复是本卦卦名,复的意思是复返。《复》卦下震上坤,震为雷,坤为地。雷出地中,有阳动复返之义,从爻画看,五阴居上,一阳居下,象征阳被阴剥落之后,又复返于初,故复有复返之义。此卦揭示了复返之道,卦辞以"出入""反复""来复"之辞,说明了事物发展有复返的规律。爻辞从初九到上六多有"复"辞,说明了"复返"在不同阶段的意义。观其爻辞,关于"复"有三层含义:一、对于恶性的人迅速复返于善,则有吉;二、不管好坏,急促频繁的复返都会有危厉,但不会有大灾;三、入迷途而难以复返,则有大凶。复返的道理再次被深刻的揭示出来,而且复卦紧接剥之后,显示剥卦上九那个硕果仅存的阳爻,现在变成了初九,重新从根部开始向上生长。春联上常见的"一元复始"中的"一元",指的就是这支阳爻所代表的乾坤正气。从现状看,它虽然弱小,但却孕育着无限生机,是光明和胜利的源泉与起点。卦辞称赞它的活动符合规律,发展顺利,前途广阔。《象传》则把它比做"天地之心",好像天地有心要留下这点火种,以便形成燎原之势。这些描述和比喻所包含的深意,意在说明在变化过程中,坚定信念,坚守气节,该是何等重要。

【原文】

　　　　复:亨。出入无疾,朋来无咎。反复其道,七日来复,利有攸往。

【译文】

《复》卦:亨通。外出回来没有疾病,朋友前来没有灾咎。返还其道,需经七日来归于初,利于有所前往。

【原文】

　　　　《彖》曰:复,"亨",刚反,动而以顺行,是以"出入无疾,朋来无咎"。"反复其道,七日来复",天行也。"利有攸往",刚长也。复,其见天地之心乎!

【译文】

《彖传》说:复,"亨通",阳刚复返于初,动则顺时而行,所以"外出回来没有疾病,朋友前来没有灾咎"。"返还其道,需经七日来归于初",这是天道的运行。"利于有所前往",是因为阳刚盛长。从《复》卦中,大概可以显现天地运行的规律吧!

【原文】

　　　　《象》曰:雷在地中,复。先王以至日闭关,商旅不行,后不省方。

【译文】

《大象传》说:《复》卦的上卦是坤,坤为地;下卦是震,震为雷。雷动在地中,阳气微弱地活动,是《复》卦的卦象。先王效法此象,在阳气初生的冬至这一天关闭关口,商人旅客停止活动,不外出经商旅行,君王自己也不巡行视察四方之事。

【原文】

初九:不远复,无祇①悔,元吉。

《象》曰:"不远"之"复",以修身也。

【注释】

①祇(qí):太、多。帛书本《易》"祇"作"提"。"提"为"禔"字之借,"祇""提""禔"古时通用。

【译文】

初九:没走多远就复返正道,没有造成大的悔恨,开始即吉利。

《小象传》说:"没走多远就复返正道",这样可以修正其身。

【原文】

六二:休①复,吉。

《象》曰:"休复"之"吉",以下仁也。

【注释】

①休:一说休止。《说文解字》:"休,息止也。"《尔雅》:"休,息也。"一说美、喜、喜庆。此取休止说。

【译文】

六二:休止失误,复返正道,吉利。

《小象传》说:"休止失误,复返正道"的吉利,是因为六二能够向下亲近具备仁德的人。

【原文】

　　　　六三:频复,厉,无咎。
　　　　《象》曰:"频复"之"厉",义"无咎"也。

【译文】

　　六三:频繁地复返,有危险,但是最终没有灾咎。
　　《小象传》说:"频繁地复返"产生了"危险",但从其改过从善的道义看,最终没有灾咎。

【原文】

　　　　六四:中行独复。
　　　　《象》曰:"中行独复",以从道也。

【译文】

　　六四:居中而行,独自一人返回。
　　《小象传》说:"居中而行,独自一人返回",说明顺从其道。

【原文】

　　　　六五:敦复,无悔。
　　　　《象》曰:"敦复,无悔",中以自考也。

【译文】

　　六五:敦促而复返,没有什么悔恨。
　　《小象传》说:"敦促而复返,没有什么悔恨",因为其居中处尊,反省自察,自我成就正道。

【原文】

上六:迷复,凶,有灾眚①。用行师,终有大败,以其国君凶,至于十年不克征。

《象》曰:"迷复"之凶,反君道也。

【注释】

①眚(shěng):过错,引申为因过失而造成的灾害。

【译文】

上六:迷路难返,凶险,有灾害。在这种情况下,用以出兵作战,最终将会大败,并危及到国君,使其遭受凶险,以至于十年不能恢复作战能力,不能出兵征战。

《小象传》说:"迷路难返"导致的"凶险",是由于违背为君之道的缘故。

无妄卦第二十五

☰ 震下乾上

【题解】

无妄是本卦的卦名。妄的意思是乱,不正。《无妄》卦下震上乾,震为雷,乾为天,其卦象为天下雷声震动,警戒万物不要妄动妄求。《无妄》卦要求真实诚信,要想得正,行得端,不要有非分之想,不要胡作非为,思想和行为都要合于正道。卦辞从正反两面分析了无妄的内涵,《象传》进一步表明,无妄意味着尊重规律,顺应形势,因时制宜。时当行则行,不行就是妄;时当止则止,不止也是妄。卦中六爻都做到无妄,但结果却有吉祥和灾祸之分。这又表明,时间条件固然重要,但行为自身还有正与不正的区分,也就是说当行不等于乱行,当止不等于乱止。既要顺时,又要行正,以动止自如,处处无妄。可以看出《无妄》卦所追求的,其实乃是古人心目中的理想人格。

【原文】

无妄:元亨,利贞。其匪正有眚,不利有攸往。

【译文】

《无妄》卦:开始即亨通,宜于守正。其不守正道则有灾异,不宜于有所前往。

【原文】

《彖》曰:无妄,刚自外来,而为主于内,动而健,刚中而应,大"亨"以正,天之命也。"其匪正有眚,不利有攸往",无妄之往,何之矣?天命不佑,行矣哉?

【译文】

《彖传》说:无妄,阳刚初九自外卦来而主于内卦,动而刚健,九五阳刚居中而六二阴柔相应,因行正道,大为"亨通",这是天命。"其不守正道则有灾异,不宜于有所前往",在不妄为之时而背离正道前往,又能到达什么地方呢?没有天命的保佑帮助,怎么可行呢?

【原文】

《象》曰:天下雷行,物与,无妄。先王以茂对时育万物。

【译文】

《大象传》说:《无妄》卦的上卦是乾,乾为天;下卦是震,震为雷。天下雷声振动,万物相应则类生,是无妄的卦象。先王效法此象,勤奋顺合天时,养育万物。

【原文】

初九:无妄,往吉。
《象》曰:"无妄"之"往",得志也。

【译文】

初九:不妄动妄求,前往吉利。

《小象传》说:"不妄动妄求"而"前往",是说这样可以实现志愿。

【原文】

六二:不耕获,不菑畬①,则利有攸往。

《象》曰:"不耕获",未富也。

【注释】

①菑(zī):新开垦的荒地,初耕的田地。畬(yú):开垦了两三年的田地。

【译文】

六二:不在刚开始耕作时就期望有收获,不在刚开荒时就期望有熟田耕种,这样则利于有所前往。

《小象传》说:"不在刚开始耕作时就期望有收获",是说其未能富有。

【原文】

六三:无妄之灾,或系之牛,行人之得,邑人之灾。

《象》曰:"行人"得牛,"邑人"灾也。

【译文】

六三:意想不到的灾祸,有人将牛拴住,过路的人顺手把牛牵走,邑人因此有失牛的意外之灾。

《小象传》说:行人得牛,邑人有失牛的意外之灾。

【原文】

　　九四:可贞,无咎。

　　《象》曰:"可贞,无咎",固有之也。

【译文】

　　九四:能够坚守正道,没有灾祸。

　　《小象传》说:"能够坚守正道,没有灾祸",是说固守而不妄动,才能没有灾咎。

【原文】

　　九五:无妄之疾,勿药有喜。

　　《象》曰:无妄之药,不可试也。

【译文】

　　九五:意想不到的疾病,没有用药就痊愈了。

　　《小象传》说:治疗"意想不到的疾病"的药,不可轻易尝试,随便使用。

【原文】

　　上九:无妄行,有眚,无攸利。

　　《象》曰:"无妄"之行,穷之灾也。

【译文】

　　上九:不能妄行,妄行有灾,没有什么好处。

　　《小象传》说:"不能妄行",穷极而有灾难。

大畜卦第二十六

䷙ 乾下艮上

【题解】

　　大畜是本卦的卦名。畜的意思是聚积,大畜就是积蓄很多,所畜至大。《大畜》卦下乾上艮,乾为天,艮为山。天在山中,天至大,山静止,有山静而养并至大之象,故大畜指大的蓄养或大蓄积。此卦揭示了大的蓄养道理,适合干大事。爻辞初九、九二因为居于卦下,地位低下,故"利已"勿进,静心蓄积;九三、六四、六五爻因随地位升高而大养其畜,则有吉利喜庆;上九位最高,进行大的蓄养,则十分通达。大畜的内容表现在三个方面:一是道德学问,"君子以多识前言往行,以畜其德";二是人才方面的畜养,爱护、使用贤才,即"尚贤""养贤";三是行为方面的畜止,等待时机,不盲目行动,即"利已""不犯灾"。但是一旦蓄积成熟,则要去"涉大川""兼济天下",而不是"独善其身"。

【原文】

　　　　大畜:利贞。不家食,吉。利涉大川。

【译文】

　　《大畜》卦:利于守正。不在家中求食,食禄于朝,吉利。宜于涉越大河。

【原文】

《彖》曰:大畜,刚健笃实,辉光日新,其德刚上而尚贤,能止健①,大正也。"不家食,吉",养贤也。"利涉大川",应乎天也。

【注释】

①能止健:李鼎祚《周易集解》本作"能健止"。高亨在《周易大传今注》说:"当作'健能止',转写之误。能读为而……《大畜》之卦象是'健而止',谓强健而不妄行,可止则止也。"

【译文】

《彖传》说:大畜,刚健笃实,光辉日日增长更新,其德阳刚在上而尊尚贤人,能止刚健而畜养之,这就是大的正道。"不在家中求食,吉利",说明国君尊养贤士。"宜于涉越大河",说明行动顺应天道。

【原文】

《象》曰:天在山中,大畜。君子以多识前言往行,以畜其德。

【译文】

《大象传》说:《大畜》卦的上卦是艮,艮为山;下卦是乾,乾为天。天被包含在山中,是《大畜》卦的卦象。君子效法此象,应当广泛学习前人言行,以畜养自己美好的品德。

【原文】

初九:有厉,利已。

《象》曰:"有厉,利已",不犯灾也。

【译文】

初九:有危险,宜于停止。

《小象传》说:"有危险,宜于停止",是说初九不能冒着灾难前行。

【原文】

九二:舆说①輹②。

《象》曰:"舆说輹",中无尤也。

【注释】

①说:通"脱",脱卸。

②輹(fù):古代在车轴下面束缚车轴的东西,上面承载车厢,下面呈弧形,架在轴上,也叫伏兔,一般用于大车。

【译文】

九二:车子脱去轮輹,车身与车轴分离。

《小象传》说:"车子脱去轮輹,车身与车轴分离",居于中位而不躁进,没有过失。

【原文】

九三:良马逐,利艰贞,曰闲①舆卫,利有攸往。

《象》曰:"利有攸往",上合志也。

【注释】

①闲:通"娴",意思是熟练,熟悉。

【译文】

九三:良马追逐,宜于艰难中守正。每日练习用车马防卫,宜于有所前往。

《小象传》说:"宜于有所前往",是因为九三与上九志向相合。

【原文】

六四:童牛之牿①,元吉。

《象》曰:六四"元吉",有喜也。

【注释】

①牿(gù):绑在牛角上使其不能触人的横木。

【译文】

六四:给小牛角上装上横木,以防止顶人,开始吉利。

《小象传》说:六四"开始吉利",有喜事。

【原文】

六五:豮豕①之牙,吉。

《象》曰:六五之"吉",有庆也。

【注释】

①豮(fén)豕:阉割过的猪。

【译文】

六五:阉割过的猪牙齿,不再凶猛,吉利。

《小象传》说:"六五"的"吉利",表明有喜庆。

【原文】

上九:何①天之衢②,亨。

《象》曰:"何天之衢",道大行也。

【注释】

①何:古同"荷",担。

②衢:四通八达的道路。

【译文】

上九:肩负天之大道,亨通顺利。

《小象传》说:"肩负天之大道",说明畜德之道大为通行。

颐卦第二十七

☲ 震下艮上

【题解】

颐(yí)是本卦的卦名。《颐》卦下震上艮,震为雷,艮为山,山下有雷动。山静止于上,雷震动于下,上静下动,物生根之象。颐的意思是养育,同饮食营养有关。就人而言,《颐》卦为口腔象,人口说话吃饭皆上静下动。从爻画看,上下二阳中四阴,外实中虚,即口腔张嘴吃饭之象,故此卦是口养之卦,即根据人颐口之形态和外貌来判断吉凶。因此,我们认为此卦是古代相面术最早的资料:从卦辞"观颐"到爻辞"朵颐""拂颐""颠颐"等皆可看出古代对人颐观察之细微。《颐》卦卦辞在肯定"口实"重要的同时,提出正与不正的问题,《彖传》认为"正则吉"。

【原文】

颐:贞吉。观颐,自求口实。

【译文】

《颐》卦:守正得吉。观看两腮的长相,便知此人自己能谋求口中之食。

【原文】

《彖》曰:颐,"贞吉",养正则吉也。"观颐",观其所养也。"自求口实",观其自养也。天地养万物,圣人养贤以及万民。颐之时大矣哉!

【译文】

《彖传》说:颐,"守正得吉",说明养正则有吉祥。"观颐",是说观察其所养之道。"自己能谋求口中之食",是观察自己的养生之路。天地养育万物,圣人养育贤人以及万民百姓。《颐》所包含的意义太大啦!

【原文】

《象》曰:山下有雷,颐。君子以慎言语,节饮食。

【译文】

《大象传》说:《颐》卦的上卦是艮,艮为山;下卦是震,震为雷。山下有雷动,是《颐》卦的卦象。君子效法此象,应当慎发言语,培育美德,节制饮食,强健体魄。

【原文】

初九:舍尔灵龟,观我朵颐,凶。

《象》曰:"观我朵颐",亦不足贵也。

【译文】

初九:舍弃了你用灵龟所卜得的征兆,只是观看我隆起的两腮,凶险。

《小象传》说:"观看我隆起的两腮",可以看出其不足以为尊贵之人。

【原文】

　　六二:颠颐,拂经,于丘颐,征凶。
　　《象》曰:"六二征凶",行失类也。

【译文】

六二:两腮摇动,又拂击其胫与背,意味着凶险。
《小象传》说:"六二出征则有凶险",是说前往将会失去同类。

【原文】

　　六三:拂颐,贞凶。十年勿用,无攸利。
　　《象》曰:"十年勿用",道大悖也。

【译文】

六三:拂击两腮,占问得凶。十年之中不要有所作为,没有什么好处。
《小象传》说:"十年之中不要有所作为",是因为与正道大相违背。

【原文】

　　六四:颠颐,吉。虎视眈眈,其欲逐逐,无咎。
　　《象》曰:"颠颐"之"吉",上施光也。

【译文】

六四:两腮摇动,吉利。两眼虎视,威猛有神,敦实厚道,没有灾咎。
《小象传》说:"两腮摇动"的"吉利",是说六四居上而能下施光明。

【原文】

　　六五:拂经,居贞,吉。不可涉大川。

《象》曰:"居贞"之"吉",顺以从上也。

【译文】

六五:击胫,居而守正,吉利。不可涉越大河。

《小象传》说:"居而守正"的"吉利",是因为六五柔顺服从上九阳刚。

【原文】

上九:由颐,厉吉,利涉大川。

《象》曰:"由颐厉吉",大有庆也。

【译文】

上九:由其腮看,虽然有危厉,但可以转为吉利,利于涉越大河。

《小象传》说:"由其腮看,虽然有危厉,但可以转为吉利",大有吉庆。

大过卦第二十八

☰ 巽下兑上

【题解】

大过是本卦的卦名。大的意思是太,大过就是太过。《大过》卦下巽上兑,巽为木,兑为泽,木上有泽,泽水润养而使木得以生长。但泽水淹没木则木会死,故有过,大过指大的过失。从爻画看,二阴居初六、上六表示柔弱,四阳居中间表示盛过,阳为大,故称大过。《大过》卦以大过为中心说明事理,卦辞"栋桡",九二"枯杨""老夫",九三"栋桡",九四"栋隆",九五"枯杨""老妇",上六"过涉灭顶"说的都是"大过"之事。有自然的"枯杨",说的是杨树已老,不再生长为大过。有人类社会中"老夫""老妇",年龄已大,早已超过婚配年龄,就婚姻而言也是大过。有记一件事的"过涉灭顶",说的是过河而被水淹,也为大过。从卦爻象与卦爻辞的关系来看也有非常密切的关系,卦画中间四阳为刚,上下两阴为弱。就木头而言,中间粗壮,两头细弱,故卦辞九三爻辞为"栋桡",九四为"栋隆",九二、九五两爻以阳爻居中,故枯杨虽已干枯,但却生"稊"、生"华"。就人而言也是如此,初六为阴爻居下,表示茅草铺于地上,上六为阴爻,表示水已"灭顶"。

【原文】

大过:栋①桡②,利有攸往,亨。

【注释】

①栋:房屋主梁。"栋,极也。从木,东声。屋内至中至高之处亦曰阿,俗谓之正梁。"(《说文解字》)

②桡(náo):曲木,木头弯曲,泛指弯曲、曲折。

【译文】

《大过》卦:房屋栋梁弯曲,宜于有所前往,亨通。

【原文】

《彖》曰:大过,大者过也。"栋桡",本末弱也。刚过而中,巽而说,行,"利有攸往",乃"亨"。大过之时大矣哉!

【译文】

《彖传》说:大过,阳刚太盛太甚。"栋梁弯曲",说明了本末两端皆柔弱。阳刚过盛而处中,逊顺喜悦而往行,"利于有所前往",所以"亨通"。《大过》包含的意义太大啦!

【原文】

《象》曰:泽灭木,大过。君子以独立不惧,遁世无闷。

【译文】

《大象传》说:《大过》卦的上卦是兑,兑为泽;下卦是巽,巽为木。泽水淹没了树木,是《大过》卦的卦象。君子效法此象,应当勇毅独立,毫不畏惧,隐遁出世而不忧闷苦恼。

【原文】

　　初六:藉①用白茅,无咎。

　　《象》曰:"藉用白茅",柔在下也。

【注释】

①藉:席,用作铺垫。

【译文】

　　初六:用白色茅草铺地,摆设祭品,表示虔敬,不会有灾祸。

　　《小象传》说:"用白色茅草铺地,摆设祭品,表示虔敬",是指初六阴柔处于卦下。

【原文】

　　九二:枯杨生稊①,老夫得其女妻,无不利。

　　《象》曰:"老夫女妻",过以相与也。

【注释】

①稊(tí):杨柳新长出的枝叶。

【译文】

　　九二:枯萎的杨树重新发芽,老头儿娶了年轻女子为妻,没有什么不吉利。

　　《小象传》说:"老头儿娶了年轻女子为妻",是说九二阳刚过甚而与初六阴柔相亲。

【原文】

　　九三:栋桡,凶。

《象》曰:"栋桡"之"凶",不可以有辅也。

【译文】

九三:房屋栋梁弯曲,凶险。

《小象传》说:"房屋栋梁弯曲"的"凶险",阳刚极为过分,不能再辅助它。

【原文】

九四:栋隆,吉。有它①吝。

《象》曰:"栋隆"之"吉",不桡乎下也。

【注释】

①它:指意外的事故。

【译文】

九四:房屋栋梁隆起不弯,吉利。但将有意外的悔恨。

《小象传》说:"房屋栋梁隆起不弯"的"吉利",是说其不再向下弯曲。

【原文】

九五:枯杨生华,老妇得士夫,无咎,无誉。

《象》曰:"枯杨生华",何可久也?"老妇士夫",亦可丑也。

【译文】

九五:枯萎的杨树重新开花,老妇人嫁给一个年轻丈夫,没有灾祸,也没有好处。

《小象传》说:"枯萎的杨树重新开花",怎么能长久呢?"老妇人嫁给一个年轻丈夫",也不光彩。

【原文】

上六:过涉灭顶①,凶,无咎。

《象》曰:"过涉"之"凶",不可"咎"也。

【注释】

①灭:淹没。顶:人头的最上端。

【译文】

上六:不知深浅,涉水过河,以致于水淹没了头顶,凶险,但没有灾祸。

《小象传》说:"不知深浅,涉水过河"而带来"凶险",不可以"追究责备"。

坎卦第二十九

䷜ 坎下坎上

【题解】

本卦的卦名是坎。习有重之义,习坎的意思是重坎,《坎》卦上下皆坎,所以又称"习坎"。坎为水,为险,《坎》卦内外上下皆坎,显示重重险难。此卦提出如何对待坎险的问题,坎上下皆是二阴包一阳,阳为实,故卦辞有"有孚维心"之言。坎水流通不止,故曰:"亨,行有尚。"说明处于坎险之时,适合大家诚心诚意,同心同力,去渡过险难。初六阴爻居下,故爻辞说进入险难的深处,没有能力克服危险,故有"凶";九二也在坎险深处,但九二为阳爻又居中而有中德,故可以求小得;六三爻处内卦与外卦坎之间,故来去皆有坎;六四是说处危险而去祭祀以求上天保佑;九五为阳刚居中,故有"坎不盈"之辞;上六为阴爻居坎险的顶峰,故爻辞有被囚禁之义。面临坎险,应首先坚定信念,树立信心,故《大象》说"常德行,习教事"。其次,化信念、信心为实际行动,卦辞提出"行有尚",说明脱险靠的是积极行动,不能有侥幸心理。第三,爻辞显示行动要因时制宜,不能急躁冒险。综观全卦,卦辞立足于藐视险难,临危不惧;爻辞立足于重视险难,认真对待。

【原文】

习坎:有孚维心,亨,行有尚。

【译文】

《坎》卦象征重重坎险:心中维系着诚信,亨通,行动将得到奖赏。

【原文】

《彖》曰:"习坎",重险也。水流而不盈,行险而不失其信。"维心亨",乃以刚中也。"行有尚",往有功也。天险,不可升也;地险,山川丘陵也。王公设险,以守其国。险之时用大矣哉!

【译文】

《彖传》说:习坎,有双重危险。水流动而不见盈满,行走于危险之中而没有失去诚信。"心中维系着诚信,亨通",这是因为阳刚居中的缘故。"行动将得到奖赏",是说前往必有功效。天险,不可登越;地险,指山川丘陵。王公观象效法天地设置险阻,来守卫自己的邦国。《坎》卦的功用太大啦!

【原文】

《象》曰:水洊①至,习坎。君子以常德行,习教事。

【注释】

①洊(jiàn):古同"荐",意思是再、屡次、接连、仍。

【译文】

《大象传》说:《坎》的上下卦都是坎,坎为水,水流相继而至,是《习坎》的卦象。君子效法此象,应当常守道德品行,修习政教之事。

【原文】

初六:习坎,入于坎窞①,凶。

《象》曰:"习坎入坎",失道"凶"也。

【注释】

①窞(dàn):空穴,深坑。

【译文】

初六:重重艰险,陷入坎险穴中,凶险。

《小象传》说:"重重艰险,陷入坎险穴中",是因为没有坚守正道而导致了"凶险"。

【原文】

九二:坎有险,求小得。

《象》曰:"求小得",未出中也。

【译文】

九二:在陷坑之中遇到危险,其所求仅有小得。

《小象传》说:"其所求仅有小得",是因为仍在艰险之中。

【原文】

六三:来之坎,坎险且枕①。入于坎窞,勿用。

《象》曰:"来之坎坎",终无功也。

【注释】

①枕:用作"沈",意思是深。

【译文】

六三:来往皆在艰险之中,坎水又险又深,陷入坎险穴中,不可轻举妄动。

《小象传》说:"来往皆在艰险之中",最终只能徒劳无功。

【原文】

六四:樽①酒,簋②贰,用缶③,纳约自牖④,终无咎。

《象》曰:"樽酒,簋贰",刚柔际也。

【注释】

①樽(zūn):古代酒器。
②簋(guǐ):古代盛食物的器具,圆口,双耳。
③缶:古代的一种瓦器。
④牖(yǒu):窗户。

【译文】

六四:祭祀时,用樽中的酒和簋中的黍稷,又用上瓦缶,从窗口取酒,最终没有灾咎。

《小象传》说:"祭祀时,用樽中的酒和簋中的黍稷",表示阴柔与阳刚相互交接。

【原文】

九五:坎不盈,祗①既平,无咎。

《象》曰："坎不盈"，中未大也。

【注释】

①祇：同"疧"，病患。《诗经·小雅·何人斯》中"壹者之来，俾我祇也"，可以为证。

【译文】

九五：坎水没有盈满，祸患平息，没有灾咎。

《小象传》说："坎水没有盈满"，是说处于险难之中但平险之功用未能光大。

【原文】

上六：系用徽纆①，置于丛棘②，三岁不得，凶。

《象》曰：上六失道，凶三岁也。

【注释】

①徽纆(mò)：绳索，三股叫徽，两股叫纆。古时常特指拘系罪人者。
②丛棘：这里指监狱。古代监狱外面围种上荆棘，以防犯人逃跑，所以用"丛棘"代指监狱。

【译文】

上六：用绳索捆绑犯人，关进监狱，犯人在狱中被囚三年，凶险。

《小象传》说：处上六之位，未能坚守正道，所以有三年的凶险。

离卦第三十

离下离上

【题解】

离是本卦的卦名。《离》卦上下皆离,离为日,《离》卦象征太阳光照上下四方。卦画皆是二阳夹一阴,以示阴附丽于阳,故离有附丽之义。按照《易传》解释,此卦专门讲附丽的道理。卦辞"蓄养牝牛",强调附着要柔顺;六二、六五两爻得吉,要有中正之德;九三、九四不中不正,所谓附丽不当而有凶;初九爻居下应当谨慎,上九爻离道完成,所以这二爻皆"无咎"。《离》卦所显示的附着关系,相当于事物之间相互依存、相互联系的关系。为了使附着更有成效,卦中提出两条原则,即一要正,二要顺。正的具体运用要因时、因事制宜,没有固定的法则。所谓顺,卦辞、《象传》用"畜牝牛"作比喻,指当事双方应尊重、顺从正的原则,而实际上顺也是正。

【原文】

离:利贞,亨。畜牝牛,吉。

【译文】

《离》卦:利于守正,亨通。畜养母牛,吉祥。

【原文】

《彖》曰：离，丽也。日月丽乎天，百谷草木丽乎土，重明以丽乎正，乃化成天下。柔丽乎中正，故"亨"，是以"畜牝牛，吉"也。

【译文】

《彖传》说：离，是附着的意思。就像日月附着于天宇，百谷草木附着于土地，日月光明重叠而又附着于正道，从而化育生成天下万物。阴柔附丽于中正之位、行中正之道，所以"亨通"，因而卦辞说："畜养母牛，吉祥。"

【原文】

《象》曰：明两作，离。大人以继明照于四方。

【译文】

《大象传》说：《离》卦的上下卦都是离，离为火。光明重重相续，接连兴起，是《离》卦的卦象。大人效法此象，当以相继不已的光明照临天下四方。

【原文】

初九：履错然，敬之①，无咎。
《象》曰："履错"之"敬"，以辟咎也。

【注释】

①履错然，敬之：帛书本《易》作"礼昔然，敬之"，"履"作"礼""错"作"昔"，古"错""昔"二字互假。"昔"字作始解，指开始，依帛书本《易》

此爻指行礼开始应崇敬。

【译文】

初九:行礼开始就应该恭敬谨慎对待,没有灾咎。

《小象传》说:"行礼开始"就"恭敬谨慎",以避免"灾咎"。

【原文】

六二:黄离①,元吉。

《象》曰:"黄离,元吉",得中道也。

【注释】

①离:网。商周时代尚黄色,故吉。

【译文】

六二:用黄色罗网猎取禽兽,开始就吉利。

《小象传》说:"用黄色罗网猎取禽兽,开始就吉利",这是由于得行中道的缘故。

【原文】

九三:日昃①之离,不鼓缶②而歌,则大耋③之嗟,凶。

《象》曰:"日昃之离",何可久也?

【注释】

①昃(zè):太阳西斜。
②缶:瓦盆,可作为乐器之用。鼓:敲打。
③耋(dié):古指七八十岁的年纪,泛指老年。

【译文】

九三:太阳偏西时张网捕捉禽兽,没有敲击瓦缶唱歌,老人发出叹息,凶险。

《小象传》说:"太阳偏西时张网捕捉禽兽",怎么能长久呢?

【原文】

九四:突如其来如,焚如,死如,弃如。
《象》曰:"突如其来如",无所容也。

【译文】

九四:禽兽突然出现跑来,人们将它焚烧,置它于死地,把它抛弃。
《小象传》说:"禽兽突然出现跑来",是说其不能被容纳。

【原文】

六五:出涕沱若①,戚嗟若,吉。
《象》曰:六五之吉,离王公也。

【注释】

①涕:眼泪。沱若:泪如雨下的样子。

【译文】

六五:泪如雨下,忧戚叹息,吉利。
《小象传》说:六五爻有吉庆,是因为其附丽于王公而得到帮助。

【原文】

上九:王用出征,有嘉折首,获匪其丑,无咎。

《象》曰:"王用出征",以正邦也。"获匪其丑",大有功也。

【译文】

上九:君王用兵出征,下令嘉奖折服敌人、斩杀敌方首领的人。因为其获得的俘虏不是一般的随从者,所以没有灾咎。

《小象传》说:"君王用兵出征",是为了正治邦国。"擒获的不是一般的随从者",是说其立了大功。

咸卦第三十一

䷞ 艮下兑上

【题解】

咸是本卦的卦名。《咸》卦下艮上兑,艮为山,兑为泽,山高而在下,泽卑而在上,泽在山上而润其下,山土受泽水滋润,故有山泽相通感应之义。根据《说卦传》,兑为少女,艮为少男,少男少女相匹配,所以有男女交感的意思。从文字学上看,在古代"咸"字音、义均同于"感",有交感的意思。感有动的意思,感下有心,所以感有动人之心的意思。今人将感与动二字连用,组成一词,称为"感动",其义更加明白畅晓。人心以何动之?诚!《咸》卦卦象,柔为外体,内阳实之,呈现笃实之状,充分说明其心诚意坚的内涵。心诚意坚,能无所不摧,所以中国有"精诚所至,金石为开"之语。人之立世,必须以诚为先,以诚为本。无诚,则不能动人,则难以立于人世之间。

本卦说的是交互感应、感动之事,其主旨以男女婚姻取象,进而泛论了自然界、人类社会的感应之道。卦辞"亨,利贞,取女吉",贞就是正的意思。交相感应如果能够遵循正道,必然万事亨通,好比男女爱慕的动机纯正,则婚姻一定美满,心正意诚,则能有吉。六爻爻辞接着以人体的不同部分取象,展现了相互感应的不同情况及其是非得失,从而提示交感双方都应该端正态度,戒急躁、戒盲动、戒盲从、去私心……所有这些都是卦辞所指的正道。

另外,对于《咸》卦还有其他不同的理解,有人将"咸"解释为一种兵器,然后转化为动词,由此将六爻爻辞理解成记载奴隶主惩罚奴隶的情形,也就是根据罪的大小,分别对奴隶实行砍脚趾、小腿、大腿、背、口舌等刑罚。有的人根据卦辞"取女",理解交感,认为此卦是男女恋爱之卦,是男女自上而下相互抚摸之象。

【原文】

咸:亨,利贞。取[1]女,吉。

【注释】

[1]取:用作"娶"。

【译文】

《咸》卦:亨通,宜于守正。娶女,吉利。

【原文】

《彖》曰:咸,感也。柔上而刚下,二气感应以相与,止而说,男下女,是以"亨,利贞","取女吉"也。天地感而万物化生,圣人感人心而天下和平。观其所感,而天地万物之情可见矣。

【译文】

《彖传》说:咸,是感应的意思。阴柔居上而阳刚处下,阴阳二气感应,相互亲和,止于交感而喜悦,男居于女下以礼下求,所以"亨通,宜于守正,娶女吉利"。天地互相交感,万物变化生成,圣人感化人心,于是天下和平昌盛。观察所感应的方面,天地万物之情皆可以显见啊!

【原文】

《象》曰:山上有泽,咸。君子以虚受人。

【译文】

《大象传》说:《咸》卦的上卦是兑,兑为泽;下卦是艮,艮为山。山上有泽水,上方的水泽滋润下面的山体,下面的山体承托并吸收上方的泽水,是《咸》卦的卦象。君子效法此象,应当以谦虚之心感化并受纳于人。

【原文】

初六:咸其拇。

《象》曰:"咸其拇",志在外也。

【译文】

初六:脚拇指感应而动。

《小象传》说:"脚拇指感应而动",因为其志向向外追求。

【原文】

六二:咸其腓①,凶。居吉。

《象》曰:虽"凶居吉",顺不害也。

【注释】

①腓(féi):腿肚子。

【译文】

六二:腿肚子感应而动,凶险。安其居可获吉利。

《小象传》说:虽有"凶险但安其居可获吉利",说明顺从、谨慎则不会有灾害。

【原文】

　　九三:咸其股,执其随,往吝。

　　《象》曰:"咸其股",亦不处也。志在"随"人,所"执"下也。

【译文】

　　九三:大腿感应而动,执意盲从泛随于人,前往困难。

　　《小象传》说:"大腿感应而动",说明不能安静居处。志向在于"随从"别人,是说其"执意跟从的"是卑下的。

【原文】

　　九四:贞吉,悔亡。憧憧①往来,朋从尔思。

　　《象》曰:"贞吉,悔亡",未感害也。"憧憧往来",未光大也。

【注释】

　　①憧憧:意思是心意不定、往来不绝的样子。

【译文】

　　九四:守正吉利,悔恨消亡。来来往往心意不定,朋友们最终将顺从你的想法。

　　《小象传》说:"守正吉利,悔恨消亡",没有因感应而遭受祸害。"来来往往心意不定",说明其"交感"之道未能广大。

【原文】

　　九五:咸其脢①,无悔。

《象》曰:"咸其脢",志末也。

【注释】

①脢(méi):背脊肉,脊椎两旁的肉。

【译文】

九五:脊背上的肉感应而动,没有悔恨。

《小象传》说:"脊背上的肉感应而动",其志向未与上六感应。

【原文】

上六:咸其辅、颊、舌。

《象》曰:"咸其辅、颊、舌",滕①口说也。

【注释】

①滕:张口说话。

【译文】

上六:说话时牙床、面颊、舌头因感应而动。

《小象传》说:"说话时牙床、面颊、舌头因感应而动",说明上六不过腾扬空言而已。

恒卦第三十二

☴ 巽下震上

【题解】

恒是本卦的卦名。《恒》卦下巽上震,巽为风,震为雷,雷借风而远,风假雷而增威,故有长久之理。从文字学上看,"恒"字金文,从心,从月,从二。"二",表示天地,而恒的意思是永久,永恒,久常。"恒,常也。"(《说文解字》)《易经·序卦》也讲"恒者,久也"。《恒》卦说的是事物恒久不变的道理,自然界存在着恒久不变的道理,人类社会也存在着恒久不变的道理。例如家庭夫妇关系应当恒久地维持,天下才会安定和平,这一点对于女人尤为重要。所以,六五爻辞说"恒其德,贞妇人吉"。对于道德修养来讲,恒久道理也非常重要,只有恒守其德,才能养善;相反,若"不恒其德",必然会受到羞辱。所以"不易之恒"是我们必须坚持的根本原则,"君子以立不易方"。然而在有的条件下,则不适合恒守。如初六在事物之初有待发展,若一味求恒,则会有"凶";上六预示事物变化,若恒守陈旧观念,或者过于动荡不安、摇摆不定,也会有"凶"。"恒"的实际运用应当通权达变,因时、因地、因事制宜。不变中有变,变是为了不变,所以说恒卦所揭示恒久的道理就十分伟大了。

【原文】

恒:亨,无咎,利贞,利有攸往。

【译文】

《恒》卦:亨通,没有灾咎,宜于守正,利于有所前往。

【原文】

《彖》曰:恒,久也。刚上而柔下,雷风相与,巽而动,刚柔皆应,恒。恒"亨,无咎,利贞",久于其道也。天地之道,恒久而不已也。"利有攸往",终则有始也。日月得天而能久照,四时变化而能久成,圣人久于其道而天下化成。观其所恒,而天地万物之情可见矣。

【译文】

《彖传》说:恒,就是恒久的意思。阳刚居上而阴柔处下,雷动风行相互交助,巽顺而动,阳刚与阴柔皆相互应合,所谓恒。恒,"亨通,没有灾咎,宜于守正",是因为长久地恒守其道啊!天地之道,恒久而不止。"利于有所前往",是说事物循环不已,终结又意味着新的开始。日月遵循天道才能恒久照耀天下,四季交替变化才能恒久地生成万物,圣人恒久守持其道,天下才能因此化育而成。观察这些恒常持久的现象,天地万物的性情就可以明白显现出来了!

【原文】

《象》曰:雷风,恒。君子以立不易方。

【译文】

《大象传》说:《恒》卦的上卦是震,震为雷;下卦为巽,巽为风。雷风相交相辅相成,是《恒》卦的卦象。君子效法此象,应当确立恒久不变的道理。

【原文】

　　　　初六:浚恒,贞凶,无攸利。
　　　　《象》曰:"浚恒"之"凶",始求深也。

【译文】

初六:深深追求恒久之道,占问凶险,没有什么好处。
《小象传》说:"深深追求恒久之道"的"凶险",在于其开始时求的太深。

【原文】

　　　　九二:悔亡。
　　　　《象》曰:九二"悔亡",能久中也。

【译文】

九二:没有什么可悔恨的。
《小象传》说:九二"没有什么可悔恨的",是因其能够恒久地守中。

【原文】

　　　　九三:不恒其德,或承之羞,贞吝。
　　　　《象》曰:"不恒其德",无所容也。

【译文】

九三:不能恒久地守持其美好的品德,因而蒙受羞辱,占问有吝。
《小象传》说:"不能恒久地守持其美好的品德",无所容身。

【原文】

　　　　九四:田无禽。

《象》曰：久非其位，安得"禽"也？

【译文】

九四：田间狩猎，没有捕获到禽兽。

《小象传》说：长久地处在自己不应该处的位置上，怎么能够捕获到"禽兽"呢？

【原文】

六五：恒其德，贞妇人吉，夫子凶。

《象》曰："妇人贞吉"，从一而终也。"夫子"制义，从妇"凶"也。

【译文】

六五：恒久地守持其美好的品德，占问结果，女人吉利，男人凶险。

《小象传》说："女人占问吉利"，是说女人一生应该只嫁一个丈夫，终身都不能改嫁他人。"男人"必须衡量事理，一味盲目顺从女人则有凶险。

【原文】

上六：振恒，凶。

《象》曰："振恒"在上，大无功也。

【译文】

上六：动荡不安，摇摆不定，不能坚守恒久之道，凶险。

《小象传》说："动荡不安，摇摆不定，不能坚守恒久之道"，高高居于上位，不会有大的功业。

遯卦第三十三

☷ 艮下乾上

【题解】

遯(dùn)是本卦的卦名。《遯》卦下艮上乾,艮为山,在下,乾为天,在上,天体无穷而远山退去,所以有退避的意思。从六爻看,下二阴生于下,有渐长之势,而上四阳有渐退之势,就阳而言,有退却之义。从文字学上看,是"遁"的异体字,意思是隐退、逃离、退避。"遁,迁也。一曰逃也。"(《说文解字》)"遁,避也。"(《广雅·释诂三》)按照《易传》解释,本卦揭示了隐退的道理,卦辞"亨小,利贞"说明在隐退的时候,有小的亨通,利于守正。卦中六爻说明因时制宜、灵活运用退避的不同情况,爻辞说明根据客观条件当退则退,不当退时则不退。三、四、五、上四爻皆为阳爻当退,退则有吉,若不退则有厉。如九三"系遯,有疾厉",初六、六二两爻为阴爻上长,固守其志将会战无不胜,就像用黄牛皮捆缚一样坚固,无法挣脱。若此时尾随而退,则会有危厉,所以此卦所言退却的道理十分深刻。毛泽东在《论持久战》中所论述的游击战十六字令,从一个侧面生动地阐述了《遯》卦的道理。十六字令曰:"敌进我退,敌驻我扰,敌疲我打,敌退我追。"敌人来势汹汹,气势正旺,恰像一座不可逾越的大山,明智的人此时应审时度势,采取适当退却回避的策略,并在退却和回避中寻求时机。当敌人盛势已过,再转而攻之,战而胜之。

【原文】

　　　　遯:亨小,利贞。

【译文】

　　《遯》卦:小有亨通,宜于守正。

【原文】

　　《彖》曰:遯,"亨",遯而亨也。刚当位而应,与时行也。"小利贞",浸而长也。遯之时义大矣哉!

【译文】

　　《彖传》说:遯,"亨通",是说隐退才有亨通。九五阳刚居正位而与六二阴柔相应,因时而行动。"小有亨通,宜于守正",是因为阴柔浸润而逐渐盛长。《遯》卦的意义太大啦!

【原文】

　　《象》曰:天下有山,遯。君子以远小人,不恶而严。

【译文】

　　《大象传》说:《遯》卦的上卦是乾,乾为天;下卦是艮,艮为山。天下有山,是《遯》卦的卦象。君子效法此象,应当远避小人,不是以憎恶之情,而是以威严傲然来加以实现。

【原文】

　　初六:遯尾,厉,勿用有攸往。

《象》曰:"遯尾"之"厉",不往何灾也?

【译文】

初六:尾随而隐退避让,危险,不要有所前往。

《小象传》说:"尾随而隐退避让"有"危厉",没有前往能有什么灾害?

【原文】

六二:执之用黄牛之革,莫之胜说①。

《象》曰:"执用黄牛",固志也。

【注释】

①说:通"脱"。

【译文】

六二:用黄牛皮绳捆缚它,它不可能挣脱。

《小象传》说:"用黄牛皮绳捆缚它",是说固守其志向。

【原文】

九三:系遯,有疾厉;畜臣妾,吉。

《象》曰:"系遯"之"厉",有疾惫也。"畜臣妾吉",不可大事也。

【译文】

九三:系恋而不知及时退去,而有疾患和危险;畜养臣仆和侍妾,吉利。

《小象传》说:"系恋而不知及时退去"的"危厉",是说其有疾患,非常疲乏困顿。"畜养臣仆和侍妾,吉利",是说此时不要有什么大作为。

【原文】

　　　　九四:好遯,君子吉,小人否。
　　　　《象》曰:君子"好遯","小人否"也。

【译文】

　　九四:喜好隐遁,这对贵族君子是吉利的,对小人不吉利。
　　《小象传》说:君子"知好及时隐遁","小人做不到"。

【原文】

　　　　九五:嘉遯,贞吉。
　　　　《象》曰:"嘉遯贞吉",以正志也。

【译文】

　　九五:在赞美中退去,占问吉利。
　　《小象传》说:"在赞美中退去,占问吉利",以中正守志。

【原文】

　　　　上九:肥①遯,无不利。
　　　　《小象传》说:"肥遯,无不利",无所疑也。

【注释】

　　①肥:先儒解释为从容。

【译文】

　　上九:从容退去,没有什么不利的。
　　《小象传》说:"从容退去,没有什么不利的",是说其心中无所疑虑。

大壮卦第三十四

☱ 乾下震上

【题解】

大壮是本卦的卦名。《大壮》卦下乾上震,乾为天,震为雷,雷响在天上,声势壮大,所以称为大壮。从爻画看,四阳在下,二阴在上,阳爻超过半数,有四阳盛长而壮大之象,所以叫大壮。(在《易经》中阳为大,阴为小)从文字学看,"壮,大也。"(《说文解字》)"壮,健也。"(《广雅》)大壮,是大者之壮,表示事物的强盛状态。此卦显示阳刚势力大为强盛,说明了大壮的道理。如何看待强盛和运用强盛?本卦的回答是用"正"。大而壮者如果不正,势必任性横暴,成为邪恶力量。大而壮者能正,则能有益于天地之间的小而弱者归于正。卦辞"利贞"是说明大壮之时要做到守正,卦中诸爻具体地说明在"大壮"之时,不可自恃其壮而过于用壮,而是要持中谦让,这是一种美德。九二、九四两爻刚居柔位以示在人壮时用谦柔则得吉,初九、九三两阳居阳位以示妄动则凶,六五、上六两爻壮已过,更宜于守柔,故"无悔"有"吉"。因此,大壮卦告诫人们,在大壮之时,应功成自退,见好即收,正如《杂卦传》所说的"大壮则止"。

【原文】

大壮:利贞。

【译文】

《大壮》卦:宜于守正。

【原文】

《彖》曰:大壮,大者壮也。刚以动,故壮。大壮"利贞",大者正也。正大而天地之情可见矣!

【译文】

《彖传》说:大壮,阳刚大而强壮。刚健而动,所以称为壮。大壮,"宜于守正",是指大者正的缘故。能正其大,天地之情便可以体现了!

【原文】

《象》曰:雷在天上,大壮。君子以非礼弗履。

【译文】

《大象传》说:《大壮》卦的上卦是震,震为雷;下卦是乾,乾为天。震雷响彻于天上,是《大壮》卦的卦象。君子效法此象,不履行非礼之事。

【原文】

初九:壮①于趾,征凶,有孚。
《象》曰:"壮于趾",其"孚"穷也。

【注释】

①壮:同"戕",意思是伤、受伤。

【译文】

初九:脚趾受了伤,出行凶险,但是有诚信。

《小象传》说:"伤了脚趾",其"诚信"困穷。

【原文】

九二:贞吉。

《象》曰:九二"贞吉",以中也。

【译文】

九二:守正吉利。

《小象传》说:"九二守正吉利",是因为用中道的缘故。

【原文】

九三:小人用壮,君子用罔,贞厉。羝羊①触藩,羸②其角。

《象》曰:"小人用壮,君子用罔"也。

【注释】

①羝(dī)羊:公羊。
②羸(léi):用作"累",意思是用绳子缠绕、捆住。

【译文】

九三:小人以盛壮骄人,恃强好胜,君子却恰恰相反,占问危厉。公羊顶触藩篱,被绳索缠住了角。

《小象传》说:"小人以盛壮骄人,恃强好胜,君子却恰恰相反。"

【原文】

九四:贞吉,悔亡。藩决不羸,壮于大舆之輹①。

《象》曰:"藩决不羸",尚往也。

【注释】

①輹(fù):用作"辐",这里指车轮。

【译文】

九四:守正吉利,没有悔恨。公羊撞破藩篱,挣脱绳索,又撞在大车轮子上受了伤。

《小象传》说:"公羊撞破藩篱,挣脱绳索",往上而去。

【原文】

六五:丧羊于易①,无悔。

《象》曰:"丧羊于易",位不当也。

【注释】

①易:通"埸",边界。"观国之治乱臧否,至于疆易而端已见矣"(《荀子·富国》)、"殖于疆易"(《汉书·食货志上》)、"吾易久远"(《汉书·礼乐志》)等可证。

【译文】

六五:羊在边疆上走失了,没有悔恨。

《小象传》说:"丧失羊于场中",是说其位居不正当。

【原文】

上六:羝羊触藩,不能退,不能遂①,无攸利,艰则吉。

《象》曰:"不能退,不能遂",不详②也。"艰则吉",咎不长也。

【注释】

①遂:进。
②详:同"祥"。

【译文】

上六:公羊顶触藩篱,被缠住了角。既不能退,也不能进,没有什么好处,预示着经历艰难才能得吉。

《小象传》说:"既不能退又不能进",此举不祥。"经历艰难,能够吉利",咎害不会长久。

晋卦第三十五

䷢ 坤下离上

【题解】

　　晋是本卦的卦名。《晋》卦下坤上离,坤为地,离为火为明,象征太阳从地上升起来,光照四方,象征着前进和昌盛,也象征着发出自己的光和热。《晋》卦阐述上进、晋升的道理。卦辞以康侯得到天子宠信为喻,明确显露了本卦内容的时代特点。《彖》辞又以"顺而丽"和"柔而上"的提法,点明了宗法社会中晋升上进的要求。前者要求顺从和依附天子,后者要求柔和引导臣民。这两者的基础是"明德",即固有的光辉品德。天子明德,能感化和识别臣下;臣下明德,能上依天子,下安万民。本卦所以名"晋"而不名"进",正是由于"晋"字兼有上进与光明两种含义。

【原文】

　　晋:康侯①用锡②马蕃庶③,昼日三接。

【注释】

　　①康侯:一说泛指安康的侯爵,一说为周武王的弟弟卫康叔。
　　②锡:通"赐",意思是赐予。
　　③蕃庶:繁盛;众多。

【译文】

《晋》卦:康侯享用很多君王赏赐的马匹,一日之内三次受到接见。

【原文】

《彖》曰:晋,进也。明出地上,顺而丽乎大明,柔进而上行,是以"康侯用锡马蕃庶,昼日三接"也。

【译文】

《彖传》说:晋是前进生长的意思。光明出现于地上,逊顺而依附于太阳,阴柔进长而上升,所以"康侯享用很多君王赏赐的马匹,一日之内三次受到接见"。

【原文】

《象》曰:明出地上,晋。君子以自昭明德。

【译文】

《大象传》说:《晋》卦的上卦是离,离为火;下卦是坤,坤为地。光明出现在地上,是《晋》卦的卦象。君子效法此象,应当以自我昭示光明之德。

【原文】

初六:晋如摧①如,贞吉。罔②孚,裕③无咎。

《象》曰:"晋如摧如",独行正也。"裕无咎",未受命也。

【注释】

①摧:挫折、受阻、毁坏。

②罔:无。

③裕:宽容;宽宏。

【译文】

初六:前进受阻,守正吉利。没有诚信,宽容处之则没有灾咎。

《小象传》说:"前进受阻",应当独行正道。"宽容处之则没有灾咎",没有受命。

【原文】

六二:晋如愁如,贞吉。受兹介福于其王母①。

《象》曰:"受兹介福",以中正也。

【注释】

①兹:此。介:大。王母:祖母。

【译文】

六二:前进忧愁,守正吉利。从祖母那里获得这样的福。

《小象传》说:"获得这样的福",是因为其居中守正。

【原文】

六三:众允①,悔亡。

《象》曰:"众允"之,志上行也。

【注释】

①允:信。

【译文】

六三:众人信任,没有悔恨。

《小象传》说:"众人信任",其志上行。

【原文】

九四:晋如鼫鼠①,贞厉。
《象》曰:"鼫鼠贞厉",位不当也。

【注释】

①鼫(shí)鼠:古书上指梧鼠,又称"五技鼠",能飞不能过屋,能缘不能穷木,能游不能度谷,能穴不能掩身,能走不能先人。

【译文】

九四:前进像身无专技的鼫老鼠,占问有危厉。
《小象传》说:"像身无专技的鼫鼠,占问有危厉",是因为其位不正当的缘故。

【原文】

六五:悔亡,失得勿恤①,往吉,无不利。
《象》曰:"失得勿恤",往有庆也。

【注释】

①恤:担忧,忧虑。

【译文】

六五:没有悔恨,不必忧虑得失,前往吉利,没有什么不利的。
《小象传》说:"不必忧虑得失",前往则有福庆。

【原文】

　　　　上九：晋其角，维用伐邑，厉吉，无咎，贞吝。
　　　　《象》曰："维用伐邑"，道未光也。

【译文】

　　上九：进其头角，宜于征伐邑国，虽然危厉但是可以得吉，没有灾咎，占问将有羞吝。
　　《小象传》说："宜于征伐邑国"，说明其道未能光大。

明夷卦第三十六

☲ 离下坤上

【题解】

明夷是本卦的卦名。《明夷》卦下离上坤,离为日,在下,坤为地,在上,有日入地中、光明受伤之象,所以此卦为明夷。夷,伤,明夷即光明损伤,故此卦揭示了光明受伤的道理。其"明入地中"和上面紧接的《晋》卦的"明出地上"正好相反。就社会而言,光明受伤是指昏君在上,天下无道,政治黑暗,正义受压,是非混淆,好人遭殃,邪恶横行,所以《象传》多以商末周初的纣王、文王、箕子之事解释本卦。纣王残暴昏庸,文王"蒙大难",而能做到"内文明而外柔顺",作为纣王伯父的箕子也能"晦其明"而"正其志"。卦爻辞记述了光明受伤及与之有关的事,并告诉人们,在充满忧患的情况下,唯一正确的处世途径是要知艰难而不失正道、持守正义(如卦辞说"利艰贞",六五爻辞所说"利贞"),用"自晦"的办法以待时机的转化,迎接新的光明。当然也可能受到主子的责难,这都无关紧要。如果条件成熟,可以采取急救的方法,使之脱离危险,即六二所谓"用拯马壮"。但千万不能急于求成,就像打猎得了一个大猎物,不可急于征服它一样。从此卦中,我们的确看到《易经》作者的忧患意识。在社会人生中,它启示我们:太阳再辉煌也有消失的时候,事业再辉煌同样有难以为继的时候,人生再顺畅照样免不了灾祸。事业的成功绝非一朝一夕之功,其间有坦途又有险阻,有低谷也有困境。有前进就必有挫折,有幸福便必伴之以痛苦,明夷之境实是不可逃避之境。审时度势,认清环境,时刻保持内心的贞正,信念的坚贞方是立身之本。只要你能不失贞正,定能克服任何艰难险阻,冲出低谷,摆脱困境。你可以像一只头脑冷静而又健壮的鸟儿,当艳阳高照、春风和煦之时,便展翅高飞,尽施其能;而当乌云压顶、狂风怒袭之时便"垂其翼",尽力采取一种低姿态,不鲁莽地与狂风做无谓的徒耗精力的抗争。因为知道狂风终不会长久,狂风过后必定有平和温暖并适合振羽高飞的艳阳天。

【原文】

明夷:利艰贞。

【译文】

《明夷》卦:利于在艰难中守正。

【原文】

《彖》曰:明入地中,明夷。内文明而外柔顺,以蒙大难,文王以之。"利艰贞",晦其明也,内难而能正其志,箕子以之。

【译文】

《彖传》说:光明进入地中,是谓明夷。内有文明而外显柔顺,以此蒙受大难,只有文王能够做到。"利于在艰难中守正",暗藏其明智,内有险难而能正其志向情操,只有箕子能够做到。

【原文】

《象》曰:明入地中,明夷。君子以莅众,用晦而明。

【译文】

《大象传》说:《明夷》的上卦是坤,坤为地;下卦是离,离为火为明。光明进入地中,是《明夷》的卦象。君子效法此象,应当运用藏晦,大智若愚,彰显其圣明,以统治民众。

【原文】

初九:明夷[①]于飞,垂其翼。君子于行,三日不食。有攸往,主人有言。

《象》曰:"君子于行",义不食也。

【注释】

①由"明夷于飞"与"君子于行"对文看,"明夷"显然是一种鸟。古人认为日中有三足乌。

【译文】

初九:明夷神鸟在飞行时低垂着羽翼。君子出行途中,三日吃不到饭,虽然有所前往,但受到主人责备。

《小象传》说:"君子出行途中",说明其义不是吃饭求口食。

【原文】

六二:明夷[①],夷于左股,用拯马壮,吉。

《象》曰:六二之"吉",顺以则也。

【注释】

①夷:古同"痍",意思是伤、受伤。离为日为明,明夷即光明损伤。这里指日食。

【译文】

六二:日食时,伤了左腿,用强壮的马才能得救,吉利。

《小象传》说:六二的"吉利",是因为顺承九三而又有法则。

【原文】

九三:明夷于南狩,得其大首,不可疾贞。

《象》曰:"南狩"之志,乃大得也。

【译文】

九三:日食时到南郊狩猎,猎获了一只大猎物,不可急于征服它。

《小象传》说:"南郊狩猎"的志向,是想有非常大的收获。

【原文】

六四:入于左腹,获明夷之心,于出门庭。

《象》曰:"入于左腹",获心意也。

【译文】

六四:退处于左方腹部地位,深刻了解光明殒伤时的内中情状,于是毅然跨出门庭远去。

《小象传》说:"退处于左方腹部地位",说明六四能深刻了解光明殒伤时的内中情状。

【原文】

六五:箕子[①]之明夷,利贞。

《象》曰:箕子之贞,明不可息也。

【注释】

①箕子:商末纣王的叔父,一说庶兄。官太师,贤臣。曾劝说纣王,纣王不听,将其囚禁,周武王灭商后被释放。

【译文】

六五:箕子自掩其聪明才智而隐退,宜于守正。

《小象传》说:箕子守正以脱难,说明光明之德不会熄灭。

【原文】

上六:不明晦,初登于天,后入于地。

《小象传》说:"初登于天",照四国也。"后入于地",失则也。

【译文】

上六:天空晦暗不明,起初升起在天空,后来却没入地下。

《小象传》说:"起初升起在天空",是说它的光明能够普照四方各国。"后来却没入地下",是说它违背了正道。

家人卦第三十七

☲ 离下巽上

【题解】

　　家人是本卦的卦名。《家人》卦下离上巽,离为火在下,巽为风在上,风在火上而自火出,象征家事影响自内而外,所以此卦为《家人》卦。从卦象和爻画看,《家人》卦由四阳二阴组成,阳乃阳刚,代指男人;阴乃阴柔,借喻女人。在家庭中,男女即指夫妇。六二阴爻和九五阳爻相应得正。阳刚居外,阴柔居内,恰恰应了古代"男主外,女主内"的训示。男在外,女在内,相应得位,以象征家庭的大义。《家人》卦说明了治家的道理,强调的是"正"。《象传》强调家庭成员各安其位,各守本分,尊卑井然。古代男主外,女主内,所以此卦卦辞为"利女贞"。在家中,先要求女人正、得正道,安分守己地专门负责料理家务,这里反映了中国传统对妇女角色的定位。爻辞结合实际提出不同要求,从不同角度阐明了治家的道理:初九爻提出家中要有防备,以免发生意外,而造成后悔之事;六二爻说对女人来讲,只适合在家中做饭而无大抱负,有吉;九三爻认为治家严厉有吉,女人不适合嬉闹无度;六四爻说家庭富足,有吉;九五爻认为君王亲临其家,有吉;上九爻提出治家要以诚且威严,有吉。家庭作为"社会细胞",构成了中国传统宗法社会的根本。治家之道通于治国治天下之道,所谓"正家而天下定"。

【原文】

　　家人：利女贞。

【译文】

　　《家人》卦：宜于女人守正。

【原文】

　　《彖》曰：家人，女正位乎内，男正位乎外。男女正，天地之大义也。家人有严君焉，父母之谓也。父父、子子、兄兄、弟弟、夫夫、妇妇而家道正。正家而天下定矣。

【译文】

　　《彖传》说：家人，女人在内守其正位正道，男人于外守其正位正道，男女在家庭内外各正其位，这是天地间的大义。家庭之中有严明持正的君长，这就是父母。做父亲的尽父道，做儿子的尽子道，做兄长的像兄长，做弟弟的像弟弟，做丈夫的尽到丈夫的职责，做妻子的尽到妻子的职责，各守其职，家道得正。人间家道端正，天下也就安定了。

【原文】

　　《象》曰：风自火出，家人。君子以言有物而行有恒。

【译文】

　　《大象传》说：《家人》卦的上卦是巽，巽为风；下卦是离，离为火。风从火出，外部的风来自于本身的火，这是《家人》卦的卦象。君子效法此象，说话要有事实根据和内容，行动有常度法则，不能朝三暮四、半途而废。

【原文】

初九:闲①有②家,悔亡。

《象》曰:"闲有家",志未变也。

【注释】

①闲:防、防范。

②有:于。

【译文】

初九:家中有防范,没有悔恨。

《小象传》说:"家中有防范",说明其志尚未改变。

【原文】

六二:无攸遂①,在中馈②,贞吉。

《象》曰:六二之"吉",顺以巽③也。

【注释】

①遂:同"坠",意思是坠落、往下沉,引申为失误。《震》卦的"震遂泥"中的"遂"用法与此相同。

②中馈:家庭中的饮食之事。

③巽:卑顺。

【译文】

六二:没有失误失职,在家中料理饮食起居,占问吉利。

《小象传》说:六二的"吉利",是因为它柔顺而谦逊。

【原文】

九三:家人嗃嗃①,悔厉,吉。妇子嘻嘻,终吝。

《象》曰:"家人嗃嗃",未失也。"妇子嘻嘻",失家节也。

【注释】

①嗃嗃(hè):严厉叱责的声音,比喻治家严厉。

【译文】

九三:家人经常受到严厉斥责,有悔有险,最终吉利。妇女和孩子嘻嘻笑笑,最终导致羞吝。

《小象传》说:"家人经常受到严厉斥责",治家没有失道。"妇女和孩子嘻嘻笑笑",违背了治家的原则和规矩。

【原文】

六四:富家,大吉。

《象》曰:"富家,大吉",顺在位也。

【译文】

六四:家庭富裕,非常吉利。

《小象传》说:"家庭富裕,非常吉利",是由于它柔顺居守正位。

【原文】

九五:王假①有家,勿恤,吉。

《象》曰:"王假有家",交相爱也。

【注释】

①假(gé):通"格"。至、到达。

【译文】

九五:君王到家中,不必忧虑,吉利。

《小象传》说:"君王到家中",人人相亲相爱。

【原文】

上九:有孚威如,终吉。

《象》曰:"威如"之"吉",反身之谓也。

【译文】

上九:有诚信而又威严,最终结果吉利。

《小象传》说:"家道威严"的"吉利",是反身求正、严格要求自己得到的。

睽卦第三十八

兑下离上

【题解】

睽(kuí)是本卦的卦名。《睽》卦下兑上离,兑为泽在下,离为火在上,火炎上,泽润下,水火相遇必不相容,并且二者卦象相互违背,所以睽有违背、不合、怪异的意思。"睽"字的含义是不能集中视线同视一物,"睽,目不相视也。"(《说文解字》)引申为违背、不合、分离,表示事物之间的明显差异。《睽》卦说明了怪异的道理,揭示事物的差异性和同一性。有趣的是,《睽》卦卦爻辞所记皆为怪异之事,如"丧马勿逐,自复。见恶人,无咎"。看见一个犯罪之人有好的结局,看见猪身沾满泥土,又有一车化妆鬼脸的人……这些怪异之事本是不吉之兆,但结果却没有什么咎灾,讲的全是化睽为合,于异求同。卦中六爻,象征事物都处在离异状态,又都能走到一起。这两方面的情况说明,有睽就有合,无睽就谈不上合。《彖传》用睽而合、睽而通、睽而类三个命题,概括了睽而必合的普遍意义,含蓄地提示:同的前提是异,合的前提是睽。世间事物,千差万别,存在对立的两极,如南方与北方,白天与黑夜,光明与黑暗,上与下,前与后,阳性与阴性,男人与女人,天空与大地,阳刚与阴柔等。这对立的两极互相排斥,又互相吸引,组成一个互为补充的统一整体,创造一种新的和谐。天地相和而生万物,两性相和而生后代。所以,必须在异中求同,又必须在同中求异,尊重差别,尊重特点。

【原文】

睽:小事吉。

【译文】

《睽》卦:小事吉利。

【原文】

《彖》曰:睽,火动而上,泽动而下。二女同居,其志不同行。说而丽乎明,柔进而上行,得中而应乎刚,是以"小事吉"。天地睽而其事同也,男女睽而其志通也,万物睽而其事类也。睽之时用大矣哉!

【译文】

《彖传》说:睽,火动而炎上,泽动而润下,离兑所象征的中女和少女住在一起,志向情趣不同,很难一起行动。下卦兑喜悦附丽于上卦离的光明,阴柔求进向上而行,得居中位而与阳刚相应,所以"小事吉利"。天地虽有差异,但养育万物的事理相同;男女性别不同,而其交感求和的心志相通;万物形形色色各有差异,而各涵阴阳之事却相类同。《睽》卦的意义是多么大啊!

【原文】

《象》曰:上火下泽,睽。君子以同而异。

【译文】

《大象传》说:上卦是离,离为火;下卦是兑,兑为泽。水火不相容,是《睽》卦的卦象。君子效法此象,应当求大同而存小异。

【原文】

初九:悔亡。丧马勿逐,自复。见恶人,无咎。

《象》曰:"见恶人",以辟①咎也。

【注释】

①辟:通"避",回避、躲避。

【译文】

初九:没有悔恨。马跑掉了,不必追寻,自己会回来。遇见恶人,也不会有灾咎。

《小象传》说:"遇见恶人",要善于避免灾咎。

【原文】

九二:遇主于巷,无咎。

《象》曰:"遇主于巷",未失道也。

【译文】

九二:在巷道中不期而遇主人,必无咎害。

《小象传》说:"在巷道中遇见主人",并没有违背道义。

【原文】

六三:见舆曳①,其牛掣②,其人天③且劓④。无初有终。

《象》曰:"见舆曳",位不当也。"无初有终",遇刚也。

【注释】

①曳(yè):牵引、拖拉。

②挚(chè):拽,拉。这里指牛角竖起,一俯一仰,形容牛拉车很吃力的样子。

③天:在额头上刺字的刑罚,周朝叫"墨刑"。

④劓(yì):割掉罪人的鼻子,称"劓刑"。

【译文】

六三:看见大车被牵引,拉车的牛很吃力,双角竖起,一俯一仰,赶车人额头上刺了字,鼻子被割掉了。最初没有利,最终有好的结果。

《小象传》说:"看见大车被牵引",因为六三爻所处的位置不正当。"最初没有利,最终有好的结果",在于遇到阳刚能和阳刚相应合。

【原文】

九四:睽孤,遇元夫①,交孚,厉,无咎。

《象》曰:"交孚""无咎",志行也。

【注释】

①元:善,吉。夫:人。

【译文】

九四:乖异孤独之际,遇到善人,以诚信相交,虽危厉,结果却没有咎害。

《小象传》说:"以诚信相交""没有咎害",说明其能行施自己的志向。

【原文】

六五:悔亡。厥宗噬肤①,往何咎?
《象》曰:"厥宗噬肤",往有庆也。

【注释】

①厥:其。噬:吃。肤:柔软的肉。

【译文】

六五:没有悔恨,与其同宗族的人一起吃肉,前往有什么灾害?
《小象传》说:"与其同宗族的人一起吃肉",说明其"前往"有福庆。

【原文】

上九:睽孤,见豕负涂①,载鬼②一车。先张③之弧④,后说⑤之弧,匪寇婚媾。往遇雨则吉。
《象》曰:"遇雨"之"吉",群疑亡也。

【注释】

①豕:猪。涂:泥土、泥巴。负涂:背上有泥。
②鬼:这里指用图腾打扮的人。
③张:把弦安在弓上。
④弧:古代指木弓。
⑤说:用作"脱",这里的意思是放下。

【译文】

上九:乖异孤独之际,看见猪满身泥土,又有一辆大车载满了图腾打扮的人。起初拿起弓箭拉开要射,后来放下了。这些人不是盗寇,而是求婚的。前往遇到下雨吉利。
《小象传》说:"遇到下雨"有"吉利",众多的疑惑消失。

蹇卦第三十九

☷ 艮下坎上

【题解】

蹇(jiǎn)是本卦的卦名。《蹇》卦下艮上坎,艮为山在下,坎为水在上,山上有水,被山所阻不得下流,故有行难之象。外卦坎为险,内卦艮为止,故有坎险在前,见险而止之义。蹇,原义为跛,引申为行动不便,前进困难,有险难之意。蹇为有险难之卦,所记皆为有险之事,阐述如何对待困境的问题。《屯》卦讲困难,要求见险能动,《蹇》卦相反,要求见险能止,止而求进。爻辞皆为"蹇""大蹇""蹇蹇",形容艰难的程度,六爻分别展现了对待逆境的不同情况。困难和逆境是坏事,如能正确对待,又可引出好的结果。处蹇之道,一是进退要合乎时宜;二是要有"大人"作为凝聚各方力量的核心,在大难之际,适合求助于有权势之人来帮助;三是坚守正道,从而得道多助,壮大自己。同时,并用最后一爻提出"吉"字的做法,暗示逆境的克服,要经历一段时候,不能一蹴而就。

【原文】

蹇:利西南,不利东北。利见大人,贞吉。

【译文】

《蹇》卦:往西南方向有利,往东北方向不利。利于见大人,守正吉利。

【原文】

《彖》曰:蹇,难也,险在前也。见险而能止,知矣哉! 蹇,"利西南",往得中也。"不利东北",其道穷也。"利见大人",往有功也。当位"贞吉",以正邦也。蹇之时用大矣哉!

【译文】

《彖传》说:蹇,是艰难的意思,险难在前面。遇到险难而能停止冒险,明智啊! 蹇,"往西南方向有利",因为前往可得中道而行。"往东北方向不利",因为往前进发将致穷途末路。"利于见大人",前往必将建立功业。居位正当,"守正吉利",是说可以正定邦国。《蹇》卦的作用太大啦!

【原文】

《象》曰:山上有水,蹇。君子以反身修德。

【译文】

《大象传》说:《蹇》卦的上卦是坎,坎为水;下卦是艮,艮为山。山上水积,是《蹇》卦的卦象。君子效法此象,应当反省自身,修养道德。

【原文】

初六:往蹇,来誉。

《象》曰:"往蹇,来誉",宜待也。

【译文】

初六:前往遇有艰难,返回获得称誉。

《小象传》说:"前往遇有艰难,返回获得称誉",说明应当安心等待时机。

【原文】

六二:王臣蹇蹇,匪躬之故。

《象》曰:"王臣蹇蹇",终无尤也。

【译文】

六二:君王的臣子,历尽重重艰险,不是为了自身的原故。

《小象传》说:"君王的臣子,历尽重重艰险",最终没有什么过失。

【原文】

九三:往蹇,来反。

《象》曰:"往蹇,来反",内喜之也。

【译文】

九三:前往遇有艰难,返回原地。

《小象传》说:"前往遇有艰难,返回原地",内卦的阴柔喜欢返回。

【原文】

六四:往蹇,来连。

《象》曰:"往蹇,来连",当位实也。

【译文】

六四:前往遇到艰难,回来亦有艰难。

《小象传》说:"前往遇有艰难,回来亦有艰难",若不往来,六四当位有实。

【原文】

九五:大蹇,朋来。

《象》曰:"大蹇,朋来",以中节也。

【译文】

六五:身处大难之中,朋友前来救助。

《小象传》说:"身处大难之中,朋友前来救助",说明其坚守了中正的节操。

【原文】

上六:往蹇,来硕,吉。利见大人。

《象》曰:"往蹇,来硕",志在内也。"利见大人",以从贵也。

【译文】

上六:前往遇有艰难,归来大有收获,吉利。宜于见到大人。

《小象传》说:"前往遇有艰难,归来大有收获",说明其志向在内。"宜于见到大人",是说宜于归来顺从九五之尊。

解卦第四十

☷ 坎下震上

【题解】

解是本卦的卦名。《解》卦下坎上震,震为雷,坎为水(即雨),雷雨并作而起天地阴阳通气,故有缓解之义。同时,《解》卦外卦震为动,内卦坎为险,动在险外,即脱离危险,故有解除危险之义。《解》卦象征患难已经过去,说明了解除艰难的道理,卦辞以"来复""有攸往"等辞说明危险已解除,可以行动。六爻的喻义,在于说明及时处理内部问题以及解难过程的具体情形,全卦之"难"在于六三为坎险在上,故有"致寇至,贞吝"之辞。其他皆吉之象,从爻与爻的关系来看,全卦之"难"在于六三,五爻皆群而解之。正如清人陈梦雷指出:"六爻之义,主于去小人。六三一阴为小人非据,以致天下之兵者,诸爻皆欲去之;二之获狐,获三也;四之解拇,解三也;上之射隼,射三也;五之有孚,亦退三也。唯初六才柔位卑,不任解而在解时,无咎而已。"(《周易浅述》)

解除险难,一是宜静不宜动,不要无事求功,妨害休养生息;二是宜速不宜迟,要抓紧解决出现的问题,免得积重难返,酿成后患。卦中反复陈述"退小人"的重要性,也启示我们:太平岁月并不绝对太平,要头脑清醒,不能高枕无忧。内部小人是损害社会安宁的主要因素,必须断然处置,不可姑息养奸。

【原文】

解:利西南。无所往,其来复,吉。有攸往,夙吉。

【译文】

《解》卦:宜于往西南方向。如果没有明确的可往之处,就返回原来地方,吉利。如果有所前往,早行动吉利。

【原文】

《彖》曰:解,险以动,动而免乎险,解。解,"利西南",往得众也。"其来复,吉",乃得中也。"有攸往,夙吉",往有功也。天地解而雷雨作。雷雨作而百果草木皆甲坼[1]。解之时大矣哉!

【注释】

①坼:一本作"宅"。《文选·蜀都赋》云:"百果甲宅,异色同荣。"当以"宅"为是,惠栋认为,"坼"为误写(《周易述》),应为宅,所以宅这里有扎根的意思。

【译文】

《彖传》说:解,冒险而去行动,因行动而免去危险,所以称为解。解,"宜于往西南方向",因为前往可以得到民众归服。"返回原来地方吉利",因为得到了中道。"有所前往,早行动吉利",是说前往可建立功业。天地阴阳交感,雷雨大作。雷雨大作,而百果草木皆发芽生根。《解》卦的作用太大啦!

【原文】

《象》曰:雷雨作,解。君子以赦过宥罪。

【译文】

《大象传》说:《解》卦的上卦是震,震为雷;下卦是坎,坎在下为雨。雷雨交作,是《解》卦的卦象。君子效法此象,应当赦免过失者,宽宥罪恶者。

【原文】

初六:无咎。

《象》曰:刚柔之际,义"无咎"也。

【译文】

初六:没有灾害。

《小象传》说:初六阴柔与九二阳刚相比而交接,就解除困难的义理看,"没有灾害"。

【原文】

九二:田获三狐,得黄矢,贞吉。

《象》曰:九二"贞吉",得中道也。

【译文】

九二:田猎获得三只狐狸,又得金黄色箭头,占问吉利。

《小象传》说:九二"占问吉利",说明其得行中道。

【原文】

六三:负且乘,致寇至,贞吝。

《象》曰:"负且乘",亦可丑也。自我致戎,又谁咎也？

【译文】

六三：肩负东西而又乘坐着车，招致了盗寇来打劫，占问羞吝。

《小象传》说："肩负东西而又乘坐着车"，这样的行为太丑陋了。自己招致盗寇持兵戎来打劫，又是谁的过错呢？

【原文】

九四：解而拇，朋至斯孚。

《象》曰："解而拇"，未当位也。

【译文】

九四：像解开被缚的拇指一样摆脱小人对自己的纠缠，朋友就能前来以诚信相应。

《小象传》说："解开被缚的拇指"，说明九四阳在阴位，未当其位。

【原文】

六五：君子维有解，吉。有孚于小人。

《象》曰：君子有解，小人退也。

【译文】

六五：君子被捆缚后又得解脱，吉利。得到小人的相信。

《小象传》说：君子得以解脱，因为小人畏服自退。

【原文】

上六：公用射隼于高墉之上，获之，无不利。

《象》曰:"公用射隼",以解悖也。

【译文】

上六:王公贵族在高高的城墙上射中一只鹰,获得它,没有什么不吉利。

《小象传》说:"王公贵族射中一只鹰",说明其在解除悖逆险难。

损卦第四十一

䷨ 兑下艮上

【题解】

　　损是本卦的卦名。《损》卦下兑上艮,兑为泽在下,艮为山在上。高山下有深泽,犹有泽自损以增山高,也就是说山本高,若与低泽相比较,相对更高。这种高是由泽深而产生的,故有减损泽而增高山之义。"损,减也。"(《说文解字》)从爻画看,似减损内卦一阳增加到外卦,即《损》卦似由《泰》卦(六三爻与上九爻互换)变来,故此卦为减损之卦。此卦全面说明了减损的道理,其所记之事皆为减损及与减损有关的事。总观卦爻辞,从几个方面论述了减损的意义:一从祭祀看,只要有诚心,在条件不足时减损祭品可以得吉(卦辞,初九爻辞);二从疾病看,减轻病人痛苦,则是好事(六四);三从交往看,在三人交往中,往往会出现两人孤立一人的现象,相反,一人行事又会得到友人的帮助。当然有时也不适合减损,如位高的天子,有人送价值高昂的龟,则不必推辞。战争中也适合增益军队供给,君王对下"弗损益之",则都会得吉。所以,研习《损》卦,可以看出对于减损如何取舍,如何抉择,没有固定不变的模式,要依据具体情况灵活运用。损的原则是损所当损,判断是否当损的标准,一是符合社会公认的道德规范行为准则,二是客观上是否需要。损的思想基础是真心诚意,形式是自觉自愿,目的和意义在于提高人的思想境界,从而主动关心大局,以国家社会利益为重。

【原文】

损:有孚,元吉,无咎,可贞,利有攸往。曷之用?二簋①可用享②。

【注释】

①簋(guǐ):古代盛食物的器具。
②享:祭祀鬼神。

【译文】

《损》卦:心有诚信,开始吉利,没有咎害,可以守正,宜于有所前往。用什么祭祀鬼神?二簋食品可以用来享祀。

【原文】

《彖》曰:损,损下益上,其道上行。损而"有孚,元吉,无咎,可贞,利有攸往。曷之用?二簋可用享。"二簋应有时,损刚益柔有时。损益盈虚,与时偕行。

【译文】

《彖传》说:损,减损于下而增益到上,呈现出自下而上的运行方式。虽然受损,但"心有诚信,开始吉利,没有咎害,可以守正。宜于有所前往,用什么祭祀鬼神?二簋食品可以用来享祀"。二簋祭品享祀应当依时进行,减损阳刚而增益阴柔也应当适合其时。或减损或增益,或盈满或亏虚,都应该顺应其时而一起进行。

【原文】

《象》曰:山下有泽,损。君子以惩忿窒欲。

【译文】

《大象传》说:《损》卦的上卦是艮,艮为山;下卦是兑,兑为泽。山下有泽,是《损》卦的卦象。君子效法此象,应当抑制忿恨,窒塞情欲。

【原文】

初九:巳①事遄②往,无咎,酌损之。

《象》曰:"巳事遄往",尚合志也。

【注释】

①巳:祭祀。

②遄(chuán):快,迅速。

【译文】

初九:祭祝大事,要赶快前去参加,没有灾祸,但有时可酌情减损祭品。

《小象传》说:"祭祝大事,要赶快前去参加",与上方六四爻志向相互应合。

【原文】

九二:利贞,征凶,弗损,益之。

《象》曰:九二"利贞",中以为志也。

【译文】

九二:宜于守正,出征凶险,不损减反而能增益。

《小象传》说:"九二利于守正",是因为它把守中作为其志向。

【原文】

六三:三人行则损一人,一人行则得其友。
《象》曰:"一人行",三则疑也。

【译文】

六三:三人一同出行,因不能同心则一人离去;一人独行,遇人则可以作伴而得到朋友。
《小象传》说:"一人独行,遇人则可以作伴而得到朋友","三人一同出行"则互相猜疑。

【原文】

六四:损其疾,使遄有喜①,无咎。
《象》曰:"损其疾",亦可喜也。

【注释】

①有喜:这里指病愈。

【译文】

六四:减轻疾病的事要速办,才会病愈,没有咎害。
《小象传》说:"减轻疾病",当然也是可喜之事。

【原文】

六五:或益之十朋之龟,弗克违,元吉。
《象》曰:六五"元吉",自上祐也。

【译文】

六五:有人送给价值十朋的宝龟,没有违背推辞,开始吉利。

《小象传》说:六五"开始吉利",会有来自上天的保佑。

【原文】

上九:弗损益之,无咎。贞吉,利有攸往。得臣无家。

《象》曰:"弗损益之",大得志也。

【译文】

上九:不用减损而能增益,没有咎害。占问吉利,宜于有所前往。得到臣下的辅佐,忘记了家事。

《小象传》说:"不会减损反而能增益",说明其大为得志。

益卦第四十二

☷ 震下巽上

【题解】

益是本卦的卦名。《益》卦下震上巽，震为雷，巽为风，雷风交助，象征增益。从爻画看，似损外卦（或上体）刚而增益到内卦（下体），即此卦似由否卦九四爻与初六爻互换而成，有减损上而增益其下的意思，故此卦为增益卦。此卦说明了增益的道理，《益》卦的立意和《损》卦相通互补。如果说，《损》卦着重讲损下益上，《益》卦则相反，讲的是损上益下。上增益下，多就统治者而言，包括一切兴利保民的事情在内，要主动干大事，不能坐而论道，贻误时机。所以，《彖传》说："损上益下，民说无疆。自上下下，其道大光……益动而巽，日进无疆……凡益之道，与时偕行。"爻辞较多地阐述恤民、利民的重要性，并且显示益中有损，损中有益，损益可以相互转化，又可以看成同一个行为的两个侧面。居上位要厚施于下，利于民众（初九爻），同时还要以宝物祭祀上帝（六二），将大量财富用于凶事，尤其在战争被围困以及被迫迁都等，都需要增益（六三、六四爻），若做不到这一点，只能被动挨打，带来凶险（上九）。

【原文】

益：利有攸往，利涉大川。

【译文】

《益》卦:利于有所前往,利于涉越大河。

【原文】

《彖》曰:益,损上益下,民说无疆。自上下下,其道大光。"利有攸往",中正有庆。利涉大川,木道乃行。益动而巽,日进无疆。天施地生,其益无方。凡益之道,与时偕行。

【译文】

《彖传》说:益,减损上面的而增益于下,民众喜悦无穷。自上而施利于下,其道盛大光明。"利于有所前往",因为九五与六二爻居中得正而有吉庆。"利于涉越大河",有木舟渡水,前行畅通无阻。增益之时,下者震动而上者逊顺,所以日日增进,以至无穷。天施阳气而地生万物,自然施化之益没有限制,从而遍及万方。大凡增益之道,都是与时并行。

【原文】

《象》曰:风雷,益。君子以见善则迁,有过则改。

【译文】

《大象传》说:《益》卦的上卦是巽,巽为风;下卦是震,震为雷。风雷相助,是《益》卦的卦象。君子效法此象,见了善行则迁徙顺从,有了过失则马上改正。

【原文】

初九:利用为大作,元吉,无咎。

《象》曰:"元吉,无咎",下不厚事也。

【译文】

初九:利于大有作为干一番事业,开始吉利,没有灾咎。

《小象传》说:"开始吉利,没有灾咎",不增加额外负担,是因为利于大有作为干一番事业的时候,不过分铺张奢侈而使民众过分辛劳。

【原文】

六二:或益之十朋之龟,弗克违,永贞吉。王用享于帝,吉。

《象》曰:"或益之",自外来也。

【译文】

六二:有人送给价值十朋的宝龟,没有推辞不要,永远守正则吉。君王如果在此时祭祀天帝,吉利。

《小象传》说:"有人送给价值十朋的宝龟",这是从外部自动而来。

【原文】

六三:益之用凶事,无咎。有孚中行,告公用圭。

《象》曰:"益用凶事",固有之也。

【译文】

六三:把所得到的增益好处施用于解除凶事,没有灾咎。当发生凶事时,应心存诚信,中道而行,手执象征虔诚守信的玉圭告诉王公这样做的道理。

《小象传》说:"把所得到的增益好处施用于解除凶事",可以牢固保持所得到的增益好处。

【原文】

六四:中行告公从。利用为依迁国。

《象》曰:"告公从",以益志也。

【译文】

六四:中道而行,告诉王公使其听从。利用王公支持,依从君上,完成迁徙国都的大事。

《小象传》说:"告诉王公使其听从",以增益其心志。

【原文】

九五:有孚惠心,勿问元吉。有孚惠我德。

《象》曰:"有孚惠心",勿问之矣。"惠我德",大得志也。

【译文】

九五:怀有诚信仁爱之心,不必占问开始即吉利。有诚信且惠施于我,必有所得。

《小象传》说:"怀有诚信仁爱之心",就不必占问了。"惠施于我,必有所得",说明大得其心志。

【原文】

上九:莫益之,或击之,立心勿恒,凶。

《象》曰:"莫益之",偏辞也。"或击之",自外来也。

【译文】

上九:没有人来增益他,反而有人来攻击他,这时内心拿定主意,不能持之以恒,凶险。

《小象传》说:"得不到增益,"偏见之辞。"或许有人攻击",自外部而来。

夬卦第四十三

☰ 乾下兑上

【题解】

夬(guài)是本卦的卦名。《夬》卦下乾上兑,乾为天在下,兑为泽在上,泽水在天上,势必果断而下,所以《夬》卦有果断溃决之义。"夬,决也。"从爻画看,五阳在下,一阴在上,五阳盛长,一阴即消,有五阳决去一阴之象。《夬》卦说明了果决的道理,就社会而言讲的是君子决去(清除)小人的道理。此卦中阳刚增长,占有极大优势,而阴柔衰退,已成强弩之末。阳刚、君子应以决断的气势,主动出击,清除阴柔和小人。否则,扫帚不到,灰尘不会自己跑掉。卦爻辞以具体的事例说明了果决要领:其一,要中正无私。九五居中,有"中行无咎"之辞。九二居中虽有敌情,但不须忧虑。其二,采用非武力的手段,以德取胜。如卦辞说:不利立即动武。其三,要谨慎小心,不能有丝毫松懈。但是,使用果决,不宜太过,否则也会带来不利后果。初九以阳居阳"为咎",九三以阳居阳"凶",九四以阳居阴"其行次且"。所以,此卦是以具体事例告诫人们果决之道。

【原文】

夬:扬于王庭,孚号有厉。告自邑,不利即戎,利有攸往。

【译文】

《夬》卦:在君王的宫廷上宣扬公布事情,有人诚心竭力疾呼将有危险。告诫自己封邑内的人,不宜于立即动用武力,利于有所前往。

【原文】

《彖》曰:夬,决也,刚决柔也。健而说,决而和。"扬于王庭",柔乘五刚也。"孚号有厉",其危乃光也。"告自邑,不利即戎",所尚乃穷也。"利有攸往",刚长乃终也。

【译文】

《彖传》说:夬,是决断的意思,犹如阳刚决胜阴柔。刚健而又喜悦,果决而又和谐。"在君王的宫廷上宣扬公布事情",是因为上六一阴爻乘凌五阳爻之上。"有人诚心竭力疾呼将有危险",是说其危厉已经非常普及广大。"告诫自己封邑内的人,不宜立即动用武力",是因为一味崇尚武力乃是穷困之道。"利于有所前往",是说阳刚盛长至此已经终结。

【原文】

《象》曰:泽上于天,夬。君子以施禄及下,居德则忌。

【译文】

《大象传》说:《夬》卦的上卦是兑,兑为泽;下卦是乾,乾为天。泽水上于天,即将化为雨倾注而下,是《夬》卦的卦象。君子效法此象,应该向下层民众广施禄泽,如果高高在上,居而不施恩德于人,这是君子的大忌。

【原文】

初九:壮于前趾,往不胜,为咎。
《象》曰:"不胜"而"往","咎"也。

【译文】

初九:脚前趾受了伤,前往不能胜任,会遇到灾咎。
《小象传》说:"不能胜任"而"前往",必有"灾咎"。

【原文】

九二:惕号,莫①夜有戎,勿恤。
《象》曰:"有戎,勿恤",得中道也。

【注释】

①莫:"暮"的本字,意思是太阳下山。

【译文】

九二:听到有人惊惧大呼,黑夜有敌寇来犯,但不必忧愁。
《小象传》说:"有敌寇来犯,但不必忧愁",是因其得行中道的缘故。

【原文】

九三:壮于頄①,有凶。君子夬夬,独行遇雨若濡②,有愠③,无咎。
《象》曰:"君子夬夬",终"无咎"也。

219

【注释】

①頄(kuí):颧骨,泛指面颊。
②若:而。濡:沾湿、淋湿。
③愠(yùn):怒、恨、不高兴、不满。

【译文】

九三:脸面受了伤,有凶险。君子刚决不疑,独自前行,遇到下雨全身淋湿,虽然气愤,但没有咎害。

《小象传》说:"君子刚决不疑",最终"没有咎害"。

【原文】

九四:臀无肤,其行次且①。牵羊悔亡,闻言不信。

《象》曰:"其行次且",位不当也。"闻言不信",聪不明也。

【注释】

①次且:用作趑趄(zī jū),行走困难。

【译文】

九四:臀部受伤蹭破了皮,行动十分困难。牵羊而行则悔事消亡,听了这话的人并不相信。

《小象传》说:"行动十分困难",是因其所处位置不正当。"听了这话的人并不相信",是说其闻听却不能明察。

【原文】

九五:苋陆①夬夬,中行无咎。

《象》曰："中行无咎"，中未光也。

【注释】

①苋(xiàn)陆：一名商陆。草名。

【译文】

九五：像斩除柔脆的苋陆草一样刚毅果断地清除小人，由道正中而行，没有咎害。

《小象传》说："由道正中而行，没有咎害"，说明中正之道尚未光大。

【原文】

上六：无号，终有凶。

《象》曰："无号"之"凶"，终不可长也。

【译文】

上九：没有呼号，最终结果会有凶险。

《小象传》说："没有呼号"的"凶险"，是说上六以阴柔凌驾于阳刚之上，最终不可长久。

姤卦第四十四

☴ 巽下乾上

【题解】

姤(gòu)是本卦的卦名。《姤》卦下巽上乾,巽为风,乾为天,风行天下,无所不入,无物不遇,所以《姤》卦有遇之意。从爻画看,一阴在下上长而遇五阳,故为遇。遇是相遇、遇合之义,阴阳者,天地也,男女也,《姤》卦阐述了阴与阳相遇的道理。此卦以"女壮,勿用取女"之言,告诉人们当一女与五男相遇之时,不要争夺此女,六爻爻辞也说明了相遇的具体情形。初六阴爻与上阳爻相遇,为阳爻所牵制,就像使用车闸,猪被捆绑一样。九二阳爻居中与阴爻相近,近水楼台,就像厨房得到鱼一样。九三阳刚过中,欲与初相遇,"其行次且"。九四爻与初六爻本相应,但因初六与九二相近,故不能与初六相遇,就像厨房里得不到鱼一样。九五中正"含章",以求相遇,像瓜熟蒂落,合乎自然,有中正之德,正如《彖传》所言:"刚遇中正,天下大行。"相遇的情况有好有坏,关键要看阴阳是否相辅相成,配合得当,而这些又要依赖时间条件,有时能得当,有时无法得当,正所谓"之时义大矣哉"!

【原文】

姤:女壮,勿用取女。

【译文】

《姤》卦:此女壮健而伤男,不要娶该女为妻。

【原文】

《彖》曰:姤,遇也,柔遇刚也。"勿用取女",不可与长也。天地相遇,品物咸章也。刚遇中正,天下大行也。之时义大矣哉!

【译文】

《彖传》说:姤,相遇,阴柔遇阳刚。"不要娶此女",不可与(她)长久相处。天地相遇,众物皆光明。(九五)阳刚居中得正,大行于天下。《姤》卦之时,所含的意义太大啦!

【原文】

《象》曰:天下有风,姤。后以施命诰四方。

【译文】

《大象传》说:《姤》卦的上卦是乾,乾为天;下卦是巽,巽为风。天下有风,是《姤》卦的卦象。君王效法此象颁布政令,通告天下四面八方。

【原文】

初六:系于金柅[1],贞吉。有攸往,见凶。羸豕[2]孚蹢躅[3]。

《象》曰:"系于金柅",柔道牵也。

【注释】

[1]柅(nǐ):塞于车轮下的制动之木,泛指车闸。

②羸豕：用绳子把猪捆缚起来。羸(léi)：同"累"，缠绕，困住。

③蹢躅(zhí zhú)：徘徊不前的样子。

【译文】

初六：牵动铜制车闸，控制车辆行止，占问吉利，如果有所前往，则会出现凶险，像猪被捆绑竭力挣扎、团团乱转。

《小象传》说："牵动铜制车闸，控制车辆行止"，是说初六必须守持阴柔之道，受到阳刚者的牵制。

【原文】

九二：包①有鱼，无咎，不利宾。

《象》曰："包有鱼"，义不及宾也。

【注释】

①包：通"庖"，厨房。

【译文】

九二：厨房里有鱼，没有灾咎，但不宜于宴请招待宾客。

《小象传》说："厨房里有鱼"，从其义来看不宜于招待宾客。

【原文】

九三：臀无肤，其行次且。厉，无大咎。

《象》曰："其行次且"，行未牵也。

【译文】

九三：臀部受伤蹭破了皮，行动十分困难。有危厉，但没有大灾。

《小象传》说："行动十分困难"，是说其行动没有牵引。

【原文】

九四:包无鱼,起凶。

《象》曰:"无鱼"之"凶",远民也。

【译文】

九四:厨房里没有鱼,惹起争执必有凶事。

《小象传》说:"厨房里没有鱼"引发的"凶险",是因为其远离并失去了民众。

【原文】

九五:以杞包瓜,含章,有陨自天。

《象》曰:九五"含章",中正也。"有陨自天",志不舍命也。

【译文】

九五:以杞柳之器盛瓜,内在含有章美,理想的遇合自天而降。

《小象传》说:九五"包含章美",是由于其居中守正。"自天而降",说明其心志没有舍弃违背天命。

【原文】

上九:姤其角,吝,无咎。

《象》曰:"姤其角",上穷"吝"也。

【译文】

上九:遭遇其角而被触,有悔吝,但没有灾咎。

《小象传》说:"遭遇其角而被触",说明上九已经到达上位极点而导致"悔吝"。

萃卦第四十五

䷬ 坤下兑上

【题解】

萃是本卦的卦名。《萃》卦下坤上兑,坤为地,兑为泽,有泽上于地之象。泽在地上,为聚水之象,所以,《萃》卦有聚积之义。萃,本意指草的丛生状态,引申为聚集。《萃》卦阐述了聚集的道理,说明了在人心涣散之时,增强凝聚力的道理。卦爻辞描写君王到庙中祭祀,设立职位及占筮等事,说明统治者为了加强自己的地位,采取各种方式聚集涣散的民心,尤其是祭祀对于凝聚人心更为重要。祭祀的对象一为祖宗,这与以血缘关系为纽带的宗法观念密切相关,也是社会组织结构形成的始基;一为神鬼,人间万物都有神鬼的法力在支配,不得不以恭敬虔诚的态度来对待;一为天地,人的生存条件取决于天与地,天地的运行变化,自然要对人的命运产生重要影响,因此必须崇拜。通过崇拜,增强了凝聚力,整合了向心力。人以群分,物以类聚,类群表示的就是聚集。自然、社会都是在聚集的状态中生存、进化和发展的。《萃》卦讲的聚集强调下向上聚合,臣民向君王靠拢,这对古代统治者来说非常重要。卦辞指出这种聚合要有大人领导。卦中四阴爻,代表聚合的对象,两阳爻代表聚集的主体,特别是九五,更是凝聚的核心。有趣的是,卦中六爻统统是无咎,没有一爻得吉。可以看出,《易经》认为群体结合不易,稍一不慎就会出事,所以提醒要守正防患。古代如此,在当今时代,仍有借鉴意义。

【原文】

萃：亨，王假有庙。利见大人，亨，利贞。用大牲吉。利有攸往。

【译文】

《萃》卦：亨通，君王到宗庙祭祝。此占宜于见有权势的人，亨通，宜于守正。用大的牲畜祭祀吉利。利于有所前往。

【原文】

《彖》曰：萃，聚也。顺以说，刚中而应，故聚也。"王假有庙"，致孝享也。"利见大人，亨"，聚以正也。"用大牲吉，利有攸往"，顺天命也。观其所聚，而天地万物之情可见矣。

【译文】

《彖传》说：萃，是聚的意思。顺从而喜悦，刚健中正而应和于下，所以称为聚。"君王到宗庙祭祝"，是说其表达对祖考的孝意，向神灵奉献祭品。"利于见有权势的人，亨通"，是由于其以正道聚集。"用大的牲畜祭祀吉利，利于有所前往"，是说其顺从了天命。观察其所聚集，而天地万物的情状就可以清楚明白了。

【原文】

《象》曰：泽上于地，萃。君子以除戎器①，戒不虞②。

【注释】

①除：修治、修整。戎：兵。戎器即兵器。

②虞：猜度；料想。

【译文】

《大象传》说：《萃》卦的上卦是兑卦，兑为泽；下卦是坤，坤为地。泽水居地上，是《萃》卦的卦象。君子效法此象，以修治兵器，戒备因群聚所生的意外之患。

【原文】

初六：有孚不终，乃乱乃萃。若号，一握①为笑。勿恤，往无咎。

《象》曰："乃乱乃萃"，其志乱也。

【注释】

①一握：古人演算的术语，占卦时得"一握"乃吉卦之数。

【译文】

初六：有诚信而不能始终如一，引起一阵纷乱并且相互聚集在一起。于是众人喧哗呼号，占卦得遇"一握"后哈哈大笑。不要忧虑，前往没有灾咎。

《小象传》说："引起一阵纷乱并且相互聚集在一起"，是说其志错乱。

【原文】

六二：引吉，无咎。孚乃利用禴①。

《象》曰："引吉无咎"，中未变也。

【注释】

①禴（yuè）：同"礿"，祭祀的名称，中国夏商两代在春天举行，周代

在夏天举行。

【译文】

六二:引迎来吉,没有灾咎。有诚信,因而可以利用夏祭求福。

《小象传》说:"引迎来吉,没有灾咎",是说其居守中正没有改变。

【原文】

六三:萃如嗟如,无攸利。往无咎,小吝。

《象》曰:"往无咎",上巽也。

【译文】

六三:聚集叹息,没有什么好处。前往没有灾咎,稍有吝难。

《小象传》说:"前往没有灾咎",是因为其向上谦逊,顺从阳刚。

【原文】

九四:大吉,无咎。

《象》曰:"大吉无咎",位不当也。

【译文】

九四:大为吉利,没有灾咎。

《小象传》说:"大为吉利,没有灾咎",是说其所处位置不适当。

【原文】

九五:萃有位,无咎。匪孚,元永贞,悔亡。

《象》曰:"萃有位",志未光也。

【译文】

九五:聚集而有其位,没有咎害。虽无诚信,但是一开始即恒守正道,没有悔恨。

《小象传》说:"聚集而有其位",其心志未能光大。

【原文】

上六:赍咨涕洟①,无咎。

《象》曰:"赍咨涕洟",未安上也。

【注释】

①赍咨(jī zī):咨嗟、叹息。涕洟(tì):眼泪和鼻涕。

【译文】

上六:唉声叹气而又哭哭啼啼,但没有咎害。

《小象传》说:"唉声叹气而又哭哭啼啼",是说其未能安居处上。

升卦第四十六

䷭ 巽下坤上

【题解】

升是本卦的卦名。《升》卦上坤下巽,巽为木在下,坤为地在上,地中生木,有渐长而生高之义,所以,《升》卦为升。升的意思是上升、发展、升高,说明了上升、登高的道理。卦爻辞通过描写具体的事,揭示了在不同条件下的登高、上升的利害,尤其重视通过祭祀方法达到在战争中取胜而使国家上升进步的目的。无论哪个时代、哪个社会,没有发展和进步,都只有死路一条。"流水不腐,户枢不蠹。"这是千古不易的真理。升的原则有二:一是柔升、渐进,不是刚升、一步登天;二是因时而升,不是急躁求升。事物的发展,好比从幼苗到大树,要依时顺势,遵循自然的法则,定能获得成功。

【原文】

升:元亨,用见大人,勿恤。南征吉。

【译文】

《升》卦:开始亨通,宜于见有权势的人,不要忧虑。往南出征吉利。

【原文】

　　《彖》曰：柔以时升。巽而顺，刚中而应，是以大亨。"用见大人，勿恤"，有庆也。"南征吉"，志行也。

【译文】

　　《彖传》说：阴柔因时而升，巽逊而顺从，阳刚居中而能上应，所以大为亨通。"宜于见有权势的人，不要忧虑"，说明此时上升有吉庆。"向南出征吉利"，是说其心志得以推行。

【原文】

　　《象》曰：地中生木，升。君子以顺①德，积小以高大。

【注释】

　　①顺：一本作"慎"。古代二者互通，谨慎的意思。

【译文】

　　《大象传》说：《升》卦的上卦是坤，坤为地；下卦是巽，巽为木。地中生长树木，由矮小到高大，是《升》卦的卦象。君子效法此象当以谨慎修德，积小善以逐渐成崇高弘大的德业。

【原文】

　　初六：允①升，大吉。
　　《象》曰："允升，大吉"，上合志也。

【注释】

　　①允：进。

【译文】

　　初六:进升大吉。
　　《小象传》说:"进升大吉",是说上升合乎其心志。

【原文】

　　九二:孚乃利用禴,无咎。
　　《象》曰:九二之"孚",有喜也。

【译文】

　　九二:有诚信,因而可以利用夏祭求福,没有灾咎。
　　《小象传》说:九二的"诚信",必定会带来喜庆。

【原文】

　　九三:升虚邑①。
　　《象》曰:"升虚邑",无所疑也。

【注释】

　　①虚:大丘,土山。虚邑:这里指建在大山丘上的城邑。

【译文】

　　九三:登上山丘上的城邑。
　　《小象传》说:"登上山丘上的城邑",无所疑惑。

【原文】

　　六四:王用亨于岐山,吉,无咎。
　　《象》曰:"王用亨于岐山",顺①事也。

【注释】

①顺:同"慎",谨慎。

【译文】

六四:君王在岐山举行祭祀,吉利,没有咎害。

《小象传》说:"君王在岐山举行祭祀",谨慎祭祀侍奉鬼神。

【原文】

六五:贞吉,升阶。

《象》曰:"贞吉,升阶",大得志也。

【译文】

六五:守正吉利,登阶而逐步上升。

《小象传》说:"守正吉利,登阶而逐步上升",是说其大遂上升的心志。

【原文】

上六:冥升,利于不息之贞。

《象》曰:"冥升"在上,消不富也。

【译文】

上六:幽暗中上升,宜于永不停止地坚守正道。

《小象传》说:"幽暗中上升"居在上位,说明将其消退而不富有。

困卦第四十七

坎下兑上

【题解】

困是本卦的卦名。《困》卦下坎上兑,坎为水,兑为泽,水在泽下,水下漏而泽上枯,所以呈有泽无水穷困之象。此卦说明了穷困或困扰的道理,卦辞说明在穷困之时,只有那些有大德的大人才能干一番大事,故有吉无灾,此理对于一般人而言,往往难以置信。爻辞描述了不同情况下的穷困,如初六的被株木所困,九二被酒食所困,六三被石所困,九四被车所困,九五被祭服所困,上六被葛藤草所困等。因为被形形色色的事情所困,而又难以找到解决的方法,故多有凶险,只好以祭祀来平衡人们的心理。总体而言,困境大致有两类:一类是物质方面的;另一类是精神方面的。如何对待困境,本卦首先强调要有志气,人穷志不穷,认识到困境具有磨炼毅力、激励意志的一面,从而态度乐观,从容对待。其次要有骨气,宁可豁出性命,也不能丧失理想、气节。这两点是中华民族的优秀传统,它熏陶了成千上万的仁人志士。同时,也要从实际出发,用行动冲破困境。

【原文】

困:亨,贞,大人吉,无咎。有言不信。

【译文】

《困》卦:亨通,占问大人吉利,没有灾咎。此时虽有言语,却很难令人相信。

【原文】

《彖》曰:困,刚揜也。险以说,困而不失其所,"亨"。其唯君子乎!"贞,大人吉",以刚中也。"有言不信",尚口乃穷也。

【译文】

《彖传》说:困,是说阳刚被掩蔽了。虽处险难之中而能乐观喜悦,虽然穷困而不失其道,所以"亨通"。这恐怕只有君子才能做到吧!"占问大人吉利",因为阳刚居守中德。"虽有言语很难令人相信",说明崇尚多言而夸夸其谈,于事无补反而会遭受穷困。

【原文】

《象》曰:泽无水,困。君子以致命遂志。

【译文】

《大象传》说:《困》卦的上卦是兑,兑为泽;下卦是坎,坎为水。水在泽下而泽上无水,是《困》卦的卦象。君子效法此象应当不惜舍弃牺牲生命以实现自己的志向。

【原文】

初六:臀困于株木,入于幽谷,三岁不觌[①]。
《象》曰:"入于幽谷",幽不明也。

【注释】

①觌(dí):见、看见。

【译文】

初六:屁股困坐在树干上不能安稳,进入幽深的山谷里,三年不能与人见面。

《小象传》说:"进入幽深的山谷里",说明其幽暗不明。

【原文】

九二:困于酒食,朱绂①方来,利用享祀。征凶,无咎。

《象》曰:"困于酒食",中有庆也。

【注释】

①朱绂(fú):古代作祭服的蔽膝,缝于长衣之前,为祭服的服饰。

【译文】

九二:陷在无法摆脱的醇酒美食中,红色祭服刚被送来,正好用以祭祀,占得此爻出征有凶险,但没有咎害。

《小象传》说:"陷在无法摆脱的醇酒美食中",是说其居守中道会有福庆。

【原文】

六三:困于石,据于蒺藜,入于其宫①,不见其妻,凶。

《象》曰:"据于蒺藜",乘刚也。"入于其宫,不见其妻",不祥也。

【注释】

①宫:古代对房屋、居室的通称,秦、汉以后才特指帝王之宫。

【译文】

六三:乱石挡道,又有蒺藜据于其上,回到家里,看不到自己的妻子,凶险。

《小象传》说:"蒺藜据于其上",是说阴柔凌驾在阳刚之上,"回到家里,看不到自己的妻子",这是不祥的征兆。

【原文】

九四:来徐徐,困于金车,吝,有终。

《象》曰:"来徐徐",志在下也。虽不当位,有与也。

【译文】

九四:缓缓安行而来,被金车所困,有吝难,但却有好的结果。

《小象传》说:"缓缓安行而来",是说其志在于应下。虽然本身所居位置不当,却能得到志同道合者的支持援助。

【原文】

九五:劓刖①,困于赤绂,乃徐有说②,利用祭祀。

《象》曰:"劓刖",志未得也。"乃徐有说",以中直也。"利用祭祀",受福也。

【注释】

①劓刖(yì yuè):是古代割鼻断足的酷刑。割鼻称"劓",断足称

"刖"。

②说:通"脱"。

【译文】

九五:遭受割掉鼻子、把脚砍掉的酷刑,此窘困是由于穿了赤绂而带来的麻烦,于是慢慢脱下,适合于祭祀神灵。

《小象传》说:"遭受割掉鼻子、把脚砍掉的酷刑",是说其志愿没有得到实现。"于是慢慢脱下",是因其有中正之德。"适合于祭祀神灵",这样可以得到福庆。

【原文】

上六:困于葛藟①,于臲卼②,曰动悔③,有悔,征吉。

《象》曰:"困于葛藟",未当也。"动悔有悔",吉行也。

【注释】

①葛藟(lěi):葛藤缠绕之草。

②臲卼(niè wù):惶惑不安的样子。

③屈万里先生疑这一个"悔"字当作"晦","晦"有迟的意思。

【译文】

上六:困于纷乱缠绕的葛藤中,惶惑不安,行动迟缓,有悔恨,出征吉利。

《小象传》说:"困于纷乱缠绕的葛藤中",是说其所在之位不当,"行动迟缓,有悔恨",是说行动吉利。

井卦第四十八

☷ 巽下坎上

【题解】

　　井是本卦的卦名。《井》卦下巽上坎，巽为木，坎为水，以木承水而上，有井之义。有的说古代的井底多有木框，故木上有水为井；也有的说古代汲水多以木制的桶，故井有木上有水之义；也有的说古代汲水用木制的桔槔（横木吊在木桩上，一端系上石头，另一端挂水桶，巽木即桔槔）。总之，木上有水，是井之象，此卦说明了对井的管理和运用，以及在不同的条件下所带来的后果。

　　卦辞记述了井的稳定、丰富、广泛和可以反复使用的特性，告诉人们在反复使用时，要不断地修整，否则凶险。爻辞具体描述了对旧井的改造、修整（初六、九二、六四）情形。例如，九二在井底射小鱼以改善其卫生条件，六四修整倒塌的井壁等，而井修好后应当食用（九三、九五），并且要管理好。只要人人诚心诚意注意管理，井口上根本不需要加盖（上六）。因为井水有定居不移、不盈不竭的特性，所以古代多以井水养人比喻君子修养德性、惠物育人，阐述古代宗法社会中贵族养民的道理。君子应当坚持道德修养，保证好事能善始善终，不致于汲水器具在即将离开井口时被打破而功败垂成。君子养民，应该常行不渝，出以公心，发扬井水"汲之而不竭，存之而不盈"的美德，以"养人而不穷"。

【原文】

井:改邑不改井,无丧无得,往来井①井。汔②至,亦未繘③井,羸④其瓶,凶。

【注释】

①井:作动词用,即从井中取水。
②汔(qì):水干涸。
③繘(yù):这里的意思是穿、挖。
④羸(léi):帛《易》作"纍",毁缺,又作"累"。

【译文】

《井》卦:改变迁移村邑不会使水井发生改变和迁徙,对于水井来说没有得也没有失,人们来来往往从井中取水。井已经干涸了,也没有加以挖井淘洗,还把取水的瓶子打破了,凶险。

【原文】

《彖》曰:巽乎水而上水,井。井养而不穷也,"改邑不改井",乃以刚中也。"汔至,亦未繘井",未有功也。"羸其瓶",是以凶也。

【译文】

《彖传》说:以木引水而上,有井之象。井水供养人而不穷尽,"改变迁移村邑不会使水井发生改变和迁徙",这是因为阳刚得中。"井已经干涸了,也没有加以挖井淘洗",是说这样就不能尽到井的功用。"把取水的瓶子打破了",自毁用具,所以为凶的预兆。

【原文】

　　《象》曰:木上有水,井。君子以劳民劝相①。

【注释】

①相:辅佐,扶助。

【译文】

《大象传》说:《井》卦的上卦是坎,坎为水;下卦是巽,巽为木。木上有水,是《井》卦的卦象。君子效法此象应当慰劳民众,使其劳作而又对其劝勉辅助。

【原文】

　　初六:井泥不食,旧井无禽。
　　《象》曰:"井泥不食",下也。"旧井无禽",时舍也。

【译文】

初六:井底淤满了污泥,不能供人饮用,废弃的水井连禽鸟也不来。

《小象传》说:"井底淤满了污泥,不能供人饮用",位置处在井的最下面。"废弃的水井连禽鸟也不来",说明因时间迁移而被舍弃。

【原文】

　　九二:井谷射鲋①,瓮②敝漏。
　　《象》曰:"井谷射鲋",无与也。

【注释】

①谷:底。鲋(fù):小鱼。

②瓮:古代汲水的罐子。

【译文】

九二:井底射小鱼,取水的瓮罐破漏。

《小象传》说:"井底射小鱼",其上无所应援。

【原文】

九三:井渫①不食,为我心恻,可用汲。王明,并受其福。

《象》曰:"井渫不食",行恻也。求"王明",受福也。

【注释】

①渫(xiè):淘去泥污。

【译文】

九三:水井已淘去泥污修治好了,却没有人汲用,这使我心中忧伤。可用此井汲水,君王英明,人人都会受其福泽。

《小象传》说:"水井已淘去泥污修治好了,却没有人汲用",说明其行为令人忧伤。祈求"君王英明",以使人人"受其福禄"。

【原文】

六四:井甃①,无咎。

《象》曰:"井甃无咎",修井也。

【注释】

①甃(zhòu):以砖修井;修治。

【译文】

六四:以砖修治水井,没有咎害。

《小象传》说:"以砖修治水井,没有咎害",这是因为及时修治水井的缘故。

【原文】

九五:井洌,寒泉①食。

《象》曰:"寒泉"之"食",中正也。

【注释】

①寒泉:冰冷的井水。古人以为井乃泉自下出。

【译文】

九五:井水清洌,冰冷的井水可以食用。

《小象传》说:"冰冷的井水"被"饮用",说明其居位中正,具备相应之德。

【原文】

上六:井收勿幕,有孚元吉。

《象》曰:"元吉"在上,大成也。

【译文】

上六:井水收取上来,不必在井口加盖,心怀诚信,至为吉利。

《小象传》说:高居上位,"至为吉利",说明大功已经告成。

革卦第四十九

☲ 离下兑上

【题解】

　　革是本卦的卦名。《革》卦下离上兑，离为火，兑为泽，泽水润下而在上，离火炎上而在下，水火相交，必然有变，故《革》卦有变革之意。《革》卦集中讲了变革问题，说明了古代变革的具体情形。爻辞根据爻位的不同，分析了变革初期到末期的全部发展过程，说明了在变革的不同阶段以及在各个不同阶段的人们所持的不同观点，体现了对变革规律的深刻认识。初九位卑居初，旧有势力非常顽固，如同用黄牛皮革捆缚一样，此时未可变，暂时需要固守常制；六二爻柔中而应，说明其时将变，而且也出现了好的兆头；九三变革小成，且已过中正，说明不可激进，步子不宜过快，还当重新审议讨论；九四以刚处柔，正可推行变革，务必力改旧命；九五阳刚中正，"虎变"创制；上六说明"豹变"立功，须安守成果。

　　宇宙人间万事万物的存在即在不断运动和变化之中，宇宙每日不断吐故纳新，地球每天都在转动，世上没有恒久的稳定，绝对没有静止不变的东西。天在变，道在变，人也应当变。最能变者，就最能生存。变革能清除陈腐的东西，增加新的动力，革命具有其历史的必然性。《革》卦在我国历史上第一次提出"革命"的概念，同时认为，变革是自然和社会的普遍规律。成汤放桀于南巢（今安徽巢湖），武王伐纣，都是顺应人心的革命行动。只有真正符合自然和社会规律的变革,才叫革命。所以《彖传》说:"革而当,其悔乃亡。"意思是说恰到好处、符合时代发展规律的变革才是真正的革命。什么叫"当"?也就是合乎规律,能够"顺乎天而应乎人",也就是适当。改变许多旧有的习惯和观念与相应的机制,打破传统的框架,非常不易。所以,在符合规律的前提下,改革要想成功必然做到以下几点:首先,像卦辞提出的,必须有改革诚心,不失信于人,"革而信之",取得人民拥护;其次改革必须是深思熟虑的,要"革言三就",充分估计到变革的成果大于为之所付出的努力和代价,不要仓促进行不成熟的变革,否则只破坏而不建设的变革势必引起混乱;再次,改革要把握时机,讲究技巧,该变的时候必须变,不该变的时候就不要变,例如卦爻辞提出了选择亟待转变的"巳日"断然推行变革;另外,卦中指出大人是革命的主体,小人只能跟着大人革命,在《易经》形成的商周之际,这个看法是符合历史事实的。《革》卦所包含的意义历来受到高度重视,正如《彖传》所赞到:"天地革而四时成,汤武革命,顺乎天而应乎人。革之时大矣哉!"

【原文】

革:己日乃孚。元亨,利贞,悔亡。

【译文】

《革》卦:在喻示转变的己日推行变革才能取信于人,这时开始即亨通,宜于守正,悔恨消亡。

【原文】

《彖》曰:革,水火相息,二女同居,其志不相得,曰"革"。"己日乃孚",革而信之。文明以说,大"亨"以正,革而当,其"悔"乃"亡"。天地革而四时成,汤武革命,顺乎天而应乎人。革之时大矣哉!

【译文】

《彖传》说:革,恰似水火相克,又像两个女子住在一起,双方心志不同,终将生变,所以称为革。"在喻示转变的己日推行变革才能取信于人",是说变革而使人相信。变革的时候以文明愉悦人心,守持正固,大为"亨通"。这时变革稳妥得当,其"悔恨"之事自然"消亡"。天地变革形成了四时周转变化,商汤和周武王变革夏桀和商纣的王命,是因为上顺应于天,下应和于人。《革》卦的作用太大啦!

【原文】

《象》曰:泽中有火,革。君子以治历明时。

【译文】

《大象传》说:《革》卦的上卦是兑,兑为泽;下卦是离,离为火。泽中有火,是《革》卦的卦象。君子效法此象,当修治历法以辨明天时。

【原文】

初九:巩[①]用黄牛之革。

《象》曰:"巩用黄牛",不可以有为也。

【注释】

①巩:加固,束紧。

【译文】

初九:用黄牛皮革牢固地捆缚。

《小象传》说:"用黄牛皮革牢固地捆缚",说明此时不可有所作为而妄行变革。

【原文】

六二:己日乃革之,征吉,无咎。
《象》曰:"己日革之",行有嘉也。

【译文】

六二:在喻示转变的己日推行变革,出征吉利,没有灾咎。
《小象传》说:"在喻示转变的己日推行变革",表明前行必有嘉赏。

【原文】

九三:征凶,贞厉。革言三就,有孚。
《象》曰:"革言三就",又何之矣!

【译文】

九三:出征凶险,占问有危厉。变革要慎重,言论必须再三讨论合计才能成功,要有诚心。
《小象传》说:"变革要慎重,言论必须再三讨论合计才能成功",九三此时何必过急前行呢!

【原文】

九四:悔亡,有孚,改命,吉。
《象》曰:"改命"之"吉",信志也。

【译文】

九四:悔恨消亡,心有诚信,改变天命,吉利。

《小象传》说:"改变天命"之所以"吉利",是因为其有诚心。

【原文】

九五:大人虎变,未占有孚。

《象》曰:"大人虎变",其文炳也。

【译文】

九五:大人像老虎一样推行变革,不必占筮可知有诚。

《小象传》说:"大人像老虎一样推行变革",说明其美德、文采显著。

【原文】

上六:君子豹变,小人革面。征凶,居贞吉。

《象》曰:"君子豹变",其文蔚也。"小人革面",顺以从君也。

【译文】

上六:君子像豹子般迅疾进行变革,小人也改变了昔日的面貌。出征凶险,居而不动,守正吉利。

《小象传》说:"君子像豹子般迅疾进行变革",其美德蔚然成彩。"小人也改变了昔日的面貌",说明其顺从君王。

鼎卦第五十

☴ 巽下离上

【题解】

鼎是本卦的卦名。《鼎》卦巽下离上,离者火也,巽者木也,下木上火,木上有火,燃烧之状,烹饪之象。鼎是古代大的烹饪器具,供煮食用,所以此卦称为鼎。从六爻看,鼎卦亦像鼎器外形。《彖》说:"鼎,象也。"作为烹饪器具,鼎的功用是将食物原料混合加工,使之五味调和,更加适合食用需要,以更好地发挥"养人"的功用。作为"法器",鼎又是古代王权象征,所以此卦以鼎器为比喻说明吉凶。由于鼎煮物化生为熟,使物有变,故古代多以鼎取新之义解释,与其承接的《革》卦去故之义相对应,《杂卦》言:"革,去故也;鼎,取新也。"

卦中六爻,各取鼎的一个部位配件("颠趾""有实""耳革""折足""黄耳""金铉""玉铉")为喻,具体比附人事,说明人事吉凶福祸,阐发在一定的条件下,任事执权的不同情况。《鼎》卦爻辞多为吉利,卦辞为"元吉,亨"。初六阴柔在下,颠倒鼎足以清除废物,"无咎";九二鼎中有实,"吉";九三"鼎耳革",但"终吉";六五"鼎黄耳,金铉",乃一卦掌鼎之主,"利贞";上九如鼎之"玉铉",体刚处柔,"大吉","无不利"。只有九四不中不正,行事不自量力,"折足,覆公",是寓诫深刻的反面形象。所以,《鼎》卦从正反两个方面揭示了多方协力相助、吐故纳新、虚中尚贤、守正防邪、修德待机的道理。

【原文】

鼎①：元吉，亨。

【注释】

①鼎：古代烹饪之器，一般三足两耳，青铜制成，盛行于商周时代，象征王权。此卦卦画像"鼎"：初爻像鼎的足，五爻像鼎之耳，上爻像鼎之铉。下卦巽为木，上卦离为火，以象征燃木煮物的"鼎"。

【译文】

《鼎》卦：大为吉利，亨通。

【原文】

《彖》曰：鼎，象也。以木巽①火，亨饪②也。圣人亨以享上帝，而大亨以养圣贤。巽而耳目聪明，柔进而上行，得中而应乎刚，是以"元亨"。

【注释】

①巽：入。
②亨：古同"烹"，煮。饪：做饭、做菜。亨饪：烧煮食物。

【译文】

《彖传》说：鼎，象征鼎器之物。将木放入火中用以烧煮食物，这就是烹饪。圣人烧煮食物用以祭享上帝，而大量烧煮食物以奉养圣贤。谦逊柔顺而耳目聪明，阴柔前进上行，得居中位而下应阳刚，所以"至为亨通"。

【原文】

《象》曰:木上有火,鼎。君子以正位凝命。

【译文】

《大象传》说:《鼎》卦的上卦是离,离为火;下卦是巽,巽为木。木上有火燃烧,是《鼎》卦的卦象。君子效法此象,应当正其所居之位,巩固所受之命。

【原文】

初六:鼎颠趾,利出否,得妾以其子,无咎。

《象》曰:"鼎颠趾",未悖也。"利出否",以从贵也。

【译文】

初六:鼎器颠倒,其足向上,利于倒出鼎中陈积的污秽之物,就好像娶妾生子一样,没有咎灾。

《小象传》说:"鼎器颠倒,其足向上",这不为违悖常理。"利于倒出鼎中陈积的污秽之物",这是为了向上顺从尊贵者。

【原文】

九二:鼎有实。我仇[①]有疾,不我能即[②],吉。

《象》曰:"鼎有实",慎所之也。"我仇有疾",终无尤也。

【注释】

①仇:配偶、妻子。

②即:接近、靠近、走向。

【译文】

九二:鼎器中盛满了食物。我的妻子有病,不能接近我,吉利。

《小象传》说:"鼎器中盛满了食物",应当谨慎搬动前行。"我的妻子有病",但最终无所怨尤。

【原文】

九三:鼎耳革,其行塞,雉膏①不食。方雨亏悔,终吉。

《象》曰:"鼎耳革",失其义也。

【注释】

①雉膏:肥美的野鸡肉。

【译文】

九三:鼎耳脱落丢失,移动困难,美味的野鸡肉不能得到,无法食用。天刚下雨,消除悔恨,最终结果吉利。

《小象传》说:"鼎耳脱落丢失",说明其失去本身存在的意义。

【原文】

九四:鼎折足,覆公𫗧①,其形渥②,凶。

《象》曰:"覆公",信如何也!

【注释】

①𫗧(sù):古代指鼎中的食物,后泛指美味佳肴。
②形渥(wò):沾濡。亦有说指"刑剭(wū)",即诛。古代诛杀贵族在屋内行刑,不暴露于市。

【译文】

九四:鼎足折断,鼎中王公的美食菜粥倾倒出来,沾濡了四周,凶险。

《小象传》说:"鼎中王公的美食菜粥倾倒出来",怎么能值得信任呢!

【原文】

六五:鼎黄耳①,金铉②,利贞。

《象》曰:"鼎黄耳",中以为实③也。

【注释】

①黄耳:黄铜做的鼎耳。

②金铉(xuàn):举鼎器具。贯穿鼎上两耳的横杆。金属制,用以提鼎。

③实:充足,富有。

【译文】

六五:鼎器配有黄铜鼎耳,青铜铉具,利于守正。

《小象传》说:"鼎器配有黄铜鼎耳",是说其居中守正可以盈满富有。

【原文】

上九:鼎玉铉,大吉,无不利。

《象》曰:"玉铉"在上,刚柔节也。

【译文】

上九:鼎器配有玉铉,十分吉利,没有什么不利。

《小象传》说:"鼎器玉铉"在上,说明上九以阳居阴,下与六五之阴相比,刚而能柔,刚柔相互节制。

震卦第五十一

☳ 震下震上

【题解】

《震》卦上下皆为震，震为雷，故此卦有雷鸣之象。古人认为雷响可以发育万物，同时雷振而有威严，所以它又是上天动怒发作的象征。在古人眼中，天具有意志，是至高无上的神，它可以主宰万物和人类，所以雷响预示着人间的凶吉。《震》卦正是基于此而作，通过雷响比附人事，告诫人们在雷鸣之时如何行事。卦辞与初九爻辞说在雷响之时从容地举行祭祀，可以亨通得吉。六二爻辞说在雷响之时有失而可复得。卦中六爻分别展示了应对震惧的不同情况，从正反两面说明知惧可以免祸得福。《易传》对这一卦的解释立足于人道的角度，认为雷震时双雷激荡，震耳欲聋，来势凶猛，意在给人恐惧，让人修身思过。如果能够临危不乱，经受考验，把握时机，定能安渡难关，得到好的结局，就像主祭之人在窗外震耳雷声中仍能从容自若，不为轰鸣声所惊扰一样。君子愈是身临险境，愈能沉着稳重，处变不惊，恰如古语所云："大事难事看担当，逆事顺事看襟度，临喜临怒看涵养，群行群止看识见。"能经受震雷危局考验而"笑言哑哑"之人，方能成就大业。

【原文】

震:亨,震来虩虩①,笑言哑哑②。震惊百里,不丧匕鬯③。

【注释】

①虩虩(xì):恐惧的样子。
②哑哑:笑声。
③匕(bǐ):古代指勺、匙之类的取食用具,长柄浅斗。祭礼时主祭人用它从鼎中取物,以供大典之用。鬯(chàng):一种用黑黍和郁金草酿成的香酒,主要供宗庙祭礼之用。"匕鬯"即指盛在勺匙中的香酒。

【译文】

《震》卦:亨通,雷声传来,令人害怕哆嗦,但主祭者却谈笑自如。雷声惊动百里,主祭人却没有失落盛有香酒的勺匙,镇定如常。

【原文】

《象》曰:震,"亨,震来虩虩",恐致福也。"笑言哑哑",后有则也。"震惊百里",惊远而惧迩也。"不丧匕鬯"①,出可以守宗庙社稷,以为祭主也。

【注释】

①《象》文中没有此句,唐代郭京、宋代程颐等人认为当在"惊远而惧迩也"下加上。观《象》文下句"出可以守宗庙社稷,以为祭主",正与"不丧匕鬯"相合,似应补上此句为好。

【译文】

《象传》说:震,"亨通,雷声传来,令人害怕哆嗦",说明因恐惧自省可致福泽。"谈笑自如",是说其雷声过后从容而有法度。"雷声惊动百里",说明震惊远方而畏惧近旁。"没有失落盛有香酒的勺匙",说明外出可以守卫宗庙社稷的安危,成为祭祀的主祭。

【原文】

　　《象》曰:雷,震。君子以恐惧修省。

【译文】

　　《大象传》说:《震》卦的上下卦都是震,震为雷,二雷相重,是《震》卦的卦象。君子效法此象当知惊恐畏惧、修身反省。

【原文】

　　初九:震来虩虩,后笑言哑哑,吉。
　　《象》曰:"震来虩虩",恐致福也。"笑言哑哑",后有则也。

【译文】

　　初九:雷声传来,令人害怕哆嗦,过后主祭者却谈笑自如,吉利。
　　《小象传》说:"雷声传来,令人害怕哆嗦",因恐惧自省可致福泽。"主祭者谈笑自如",说明其雷声过后从容而有法度。

【原文】

　　六二:震来,厉,亿丧贝①。跻②于九陵,勿逐,七日得。
　　《象》曰:"震来厉",乘刚也。

【注释】

　　①亿:同"臆",臆测、猜测、预料。贝:古代货币。

②跻:登上。

【译文】

六二:震雷传来,十分危厉,不是好兆头,估计是要丧失钱财。登上九陵高山,不要追索失去的钱财,七天后会失而复得。

《小象传》说:"震雷传来十分危厉",说明阴柔乘凌在阳刚之上。

【原文】

六三:震苏苏①,震行无眚②。

《象》曰:"震苏苏",位不当也。

【注释】

①苏苏:疑惧不安的样子。
②眚(shěng):灾难,危险。

【译文】

六三:雷震动时令人恐惧不安,但是因为震惧而能谨慎行事,不会有灾异。

《小象传》说:"雷震动时令人恐惧不安",说明六三阴居阳位,居位不当。

【原文】

九四:震遂①泥。

《象》曰:"震遂泥",未光也。

【注释】

①遂:同"坠"(zhuì),落下、掉下。

【译文】

九四:雷震下击到泥泞中。

《小象传》说:"震下击到泥泞中",预示其不能广大。

【原文】

六五:震往来,厉。亿无丧,有事。

《象》曰:"震往来,厉",危行也。其事在中,大"无丧"也。

【译文】

六五:震雷往来不停十分危厉,心里想着恐怕没有损失,将要发生事情。

《小象传》说:"震雷往来不停,十分危厉",说明这是危险的行动。祭祀之事居中守道,"没有损失"。

【原文】

上六:震索索①,视矍矍②,征凶。震不于其躬,于其邻,无咎。婚媾有言。

《象》曰:"震索索",中未得也。虽凶无咎,畏邻戒也。

【注释】

①索索:恐惧不安的样子。
②矍矍(jué):惊惧四顾的样子。

【译文】

上六:震雷令人恐惧不安,电光使人不敢正视而惊惶四顾,出征凶险。震雷不会击打自己身上,而击到邻人,没有灾祸。涉及婚配之事会产生闲言碎语、言语纷争。

《小象传》说:"震雷令人恐惧不安",说明其未得中位。虽有凶险但最终没有灾祸,是因为畏惧近邻所受的震惊危险而心有戒备。

艮卦第五十二

☶ 艮下艮上

【题解】

艮(gèn)是本卦的卦名。《艮》卦上下皆艮,艮为山,山静止不动,内外皆为艮,两山重叠、峰峦隔断,所以此卦有止之义。此卦通过记述有关止的具体事情,说明止的道理。止可以理解为不动,所以《艮》卦爻辞皆说人体某个部位不动而带来的后果。卦辞说的是背静止则身体不动,就似走在庭院中见不到人一样,但是无咎,爻辞从初爻到上爻以人身自下而上各个部位不动说明由此带来的吉凶。就社会生活来说,提倡什么,反对什么,追求什么,放弃什么,这里面就包含着"止"的内容。止与行,是一对矛盾,其中存在着辩证关系,能止才能行,有所行必有所止。当行则行,不要犹豫;当止则止,果断冷静;或行或止,都要保持内心的平静,这样在任何情况下都能泰然处之并终而取胜。

【原文】

艮①:艮其背,不获其身,行其庭,不见其人,无咎。

【注释】

①原文无此"艮"字,这是为避免与卦辞重复而省略,今补。

【译文】

《艮》卦:止于背部,整个身体都不能动。在庭院里行走,两两相背,看不到人,没有咎害。

【原文】

《彖》曰:艮,止也。时止则止,时行则行,动静不失其时,其道光明。艮其止①,止其所也。上下敌应②,不相与也。是以"不获其身,行其庭,不见其人,无咎"也。

【注释】

①艮其止:王弼认为背曰"止",朱熹、俞樾、朱骏声等认为"艮其止"当作"艮其背"。观下文"止其所也"的"所"解释"背"。背,古本作"北",帛书本《易》卦辞也作"北"。北、止二字字形相近,恐怕在转抄时将"北"误写为"止",故当以"背"为是。

②敌应:初四爻、二五爻、三上爻都是相同爻性,皆不相应,不相应即"敌应"。

【译文】

《彖传》说:艮,是止的意思。应该停止的时候就停止,应该行动的时候就行动,行动与静止不失它的时机,这样其道才能光明。止于背部,正是止的那个地方。《艮》卦六爻上下相互敌对,不能相应。所以"整个身体都不能动,在庭院里行走,两两相背,看不到人,没有咎害"。

【原文】

《象》曰:兼山,艮。君子以思不出其位。

【译文】

《大象传》说:《艮》卦的上下卦都是艮,艮为山,两山相重,是《艮》卦的卦象。君子效法此象,思虑应当不超出其所处的职位。

【原文】

初六:艮其趾,无咎,利永贞。

《象》曰:"艮其趾",未失正也。

【译文】

初六:脚趾止而不动,没有咎灾,利于长久守正。

《小象传》说:"脚趾止而不动",是说其没有离失正道。

【原文】

六二:艮其腓①,不拯其随②,其心不快。

《象》曰:"不拯其随",未退听也。

【注释】

①腓:腿肚子。

②拯:上举。随:腿。

【译文】

六二:小腿肚子止而不能动,不能随之抬腿,心里不痛快。

《小象传》说:"不能随之抬腿",是因为没有退而听从劝说。

【原文】

九三:艮其限①,列其夤②,厉薰心③。

《象》曰:"艮其限",危"薰心"也。

【注释】

①限:腰胯、腰带处、人体中部,即腰部。

②列:"裂"的古字,分割、分解的意思。夤(yín):指夹脊肉。

③厉:危急。薰:烧灼。

【译文】

九三:腰止而不能动,脊背的肉被撕裂,危厉中心急如焚。

《小象传》说:"腰止而不能动",危厉"心急如焚"。

【原文】

六四:艮其身,无咎。

《象》曰:"艮其身",止诸躬也。

【译文】

六四:止其身体上部不动,没有灾咎。

《小象传》说:"止其身体上部不动",说明能自我抑止安守本分。

【原文】

六五:艮其辅①,言有序,悔亡。

《象》曰:"艮其辅",以中正也。

【注释】

①辅:面颊。

【译文】

六五:面颊两旁不动,说话条理有序,没有悔恨。

《小象传》说:"面颊两旁不动",因为其居中守正。

【原文】

上九:敦艮,吉。

《象》曰:"敦艮"之"吉",以厚终也。

【译文】

上九:敦厚知止,吉利。

《小象传》说:"敦厚知止"所以"吉利",因为其能以厚道终结。

渐卦第五十三

☶ 艮下巽上

【题解】

渐是本卦的卦名。《渐》卦下艮上巽,艮为山,巽为木,木生山上,渐渐高大,所以,《渐》卦有渐进之意。此卦所描述的事皆与渐进有关,卦辞以姑娘出嫁为喻来说明渐进的道理。古代女子出嫁皆按一定礼节逐步进行,遵循一定规定的步骤和程序(纳采、问名、纳吉、纳征、请期、亲迎等),诸多程序缺一不可,这样婚姻才会为亲友及社会所认可,婚姻也才能吉祥。《渐》卦所显示的事理正是循序渐进之理,故爻辞以鸿鸟渐渐栖息于某地为例(如渐于干、渐于磐、渐于陆、渐于陵、渐于木)来比附人事,推断出吉凶,由近到远,由低到高,由水中到陆地,循序的特色更为明显。《渐》卦讲的渐进之理,其本质特征是循序,表现形态可以是慢,也可以是快。但是它启示我们,渐进是事物发展的内在要求。

【原文】

渐:女归[①],吉,利贞。

【注释】

①归:女子出嫁。

【译文】

《渐》卦：少女出嫁，吉利，利于守正。

【原文】

《彖》曰：渐之进也，"女归，吉"也。进得位，往有功也。进以正，可以正邦也。其位刚得中也。止而巽，动不穷也。

【译文】

《彖传》说：渐是渐进的意思，"少女出嫁吉利"。前进而得位，前往就可建立功业。渐进遵循正道，就可以正定邦国，其位阳刚得中。内知止而外巽顺，循序渐进就不会陷入困穷。

【原文】

《象》曰：山上有木，渐。君子以居贤德善俗。

【译文】

《小象传》说：《渐》卦的上卦是巽，巽为木；下卦是艮，艮为山。山上有木渐长，是《渐》卦的卦象。君子效法此象，当居积贤德、改善风俗。

【原文】

初六：鸿渐于干，小子厉，有言，无咎。
《象》曰："小子"之"厉"，义无咎也。

【译文】

初六：鸿雁徐徐停息于水傍河岸，此象预示年幼小子有危厉，遭人指责,但没有灾咎。

《小象传》说:"年幼小子"的"危厉",但能渐进所以"没有灾咎"。

【原文】

六二:鸿渐于磐①,饮食衎衎②,吉。

《象》曰:"饮食衎衎",不素饱也。

【注释】

①磐:大石。

②衎衎(kàn):和乐的样子。

【译文】

六二:鸿雁徐徐停息于磐石,饮食和乐,吉利。

《小象传》说:"饮食和乐",说明其不只为吃饱饭。

【原文】

九三:鸿渐于陆①,夫征不复,妇孕不育,凶。利御寇。

《象》曰:"夫征不复",离群丑②也。"妇孕不育",失其道也。"利用御寇",顺相保也。

【注释】

①陆:高平之地。

②离:依附。丑:类,这里指九三的上下三阴。

【译文】

九三:鸿雁徐徐停息于高而平的地方,此象预示丈夫出征没回来,妇女因失贞而怀孕无法生育,凶险。利于防御盗寇。

《小象传》说:"丈夫出征没回来",说明其依附群类。"妇女怀孕而不生育",是因为其没有遵循正道。"利于防御盗寇",是说应该持守正道而夫妇和顺相保。

【原文】

六四:鸿渐于木,或得其桷①,无咎。

《象》曰:"或得其桷",顺以巽也。

【注释】

①桷(jué):椽,秦谓"榱",周谓"椽",齐鲁谓"桷",指屋顶上承瓦的圆木。

【译文】

六四:鸿雁徐徐停息于树木,有的栖息在椽木上,没有灾咎。

《小象传》说:"有的鸿雁栖息在椽木上",柔顺而谦逊。

【原文】

九五:鸿渐于陵①,妇三岁不孕,终莫之胜,吉。

《象》曰:"终莫之胜,吉",得所愿也。

【注释】

①陵:丘陵、大阜。

【译文】

九五:鸿雁徐徐停息于丘陵,妇人三年没有怀孕。此象预示着夫君外出,外来力量最终没有得胜,吉利。

《小象传》说:"最终没有得胜,吉利",说明其得到渐进相合的愿望。

【原文】

上九:鸿渐于陆,其羽可用为仪,吉。

《象》曰:"其羽可用为仪,吉",不可乱也。

【译文】

上九:大雁徐徐停息于高地,它的羽毛可用于装饰,吉利。

《小象传》说:"它的羽毛可用于装饰,吉利",说明其高洁的志向没有被扰乱。

归妹卦第五十四

䷵ 兑下震上

【题解】

　　归妹是本卦的卦名。《归妹》卦下兑上震,兑为泽,震为雷,泽上有雷,水汽随而上升,就人事而言有女子从人之象。归妹就是嫁女,所以,《归妹》卦为婚姻卦。卦爻辞描述了古代嫁女的习俗和礼节,并以此说明了相应的吉凶。例如卦中的姐妹同嫁,让我们看到了古代特殊的一夫多妻制。女子到了出嫁年纪,便带着嫁妆,带着妹妹一同嫁到夫家。卦中提到了帝乙嫁女的史实,说明这种姊妹共夫是有所据的。卦中还提到宰羊献牲的习俗。卦中记述了少女出嫁的一些具体情况,如延期、少女的服装等。从社会角度看,嫁女有其重大意义。它意味少女生活的结束,人类繁衍的开始,如《象传》所言,天地作而万物生,男女相交合而人类生,男女之交是人之始。

【原文】

　　归妹:征凶,无攸利。

【译文】

　　《归妹》卦:出征凶险,没有什么好处。

【原文】

《彖》曰:归妹,天地之大义也。天地不交,而万物不兴。归妹,人之终始也。说①以动,所归妹也。"征凶",位不当也。"无攸利",柔乘刚也。

【注释】

①说:同"悦"。

【译文】

《彖传》说:归妹,是存在于天地之间的大义。天地阴阳不交,则万物就不会兴盛。归妹,标志着人的终结与开始。喜悦而动,所以少女出嫁。"出征凶险",说明其所居的位置不当。"没有什么好处",是因为阴柔乘凌于阳刚之上。

【原文】

《象》曰:泽上有雷,归妹。君子以永终知敝。

【译文】

《大象传》说:《归妹》的上卦是震,震为雷;下卦是兑,兑为泽。泽上有雷,是《归妹》的卦象。君子效法此象,当以永保其终,知不终之敝,事先筹谋防弊。

【原文】

初九:归妹以娣①,跛②能履,征吉。

《象》曰:"归妹以娣",以恒也。"跛能履",吉,相承也。

【注释】

①娣(dì):指出嫁者的妹妹,古时一夫多妻,妹妹可随姐姐同嫁一夫,侄女也可随姑姑同嫁一夫。妹妹从姐姐出嫁称"娣",春秋时仍然保留了这种风俗。

②跛:瘸,腿或脚有毛病。

【译文】

初九:少女出嫁,其妹从嫁,跛脚能行走,出征吉利。

《小象传》说:"少女出嫁,其妹从嫁",这是恒常之道。"跛脚能行走",吉利,说明有人相助。

【原文】

九二:眇①能视,利幽人之贞。

《象》曰:"利幽人之贞",未变常也。

【注释】

①眇(miǎo):一只眼睛小。

【译文】

九二:眼睛不好而能看,宜于幽居之人的占问。

《小象传》说:"宜于幽居之人的占问",说明其没有改变常道。

【原文】

六三:归妹以须①,反归②以娣。

《象》曰:"归妹以须",未当也。

【注释】

①须:同"嬃",古代楚人对姐姐的称谓。

②反:妇女自夫家回娘家,又叫"来归"。

【译文】

六三:少女出嫁,姐姐从嫁。因不妥,应将其妹妹送返父母家。

《小象传》说:"少女出嫁,姐姐从嫁",这样不适当。

【原文】

九四:归妹愆①期,迟归有时②。

《象》曰:"愆期"之志,有待而行也。

【注释】

①愆(qiān):延误。

②时:同"伺",等待。

【译文】

九四:少女出嫁,延误婚期,延迟婚嫁以待时机。

《小象传》说:"延误婚期"的志向,是为了等待合适的配偶而后行。

【原文】

六五:帝乙归妹,其君之袂①,不如其娣之袂良。月几望②,吉。

《象》曰:"帝乙归妹","不如其娣之袂良"也。其位在中,以贵行也。

【注释】

①袂(mèi):衣袖,这里代指衣饰。

②望:指望日,即夏历每月十五,天文学上指月亮圆的那一天。

【译文】

六五:帝乙嫁女,正室的衣饰不如随嫁妹妹的衣饰好看。月近十五将要圆了,吉利。

《小象传》说:"帝乙嫁女","正室的衣饰不如随嫁妹妹的衣饰好看",说明其位居中,以高贵而嫁人。

【原文】

上六:女承①筐无实,士刲②羊无血。无攸利。

《象》曰:上六"无实",承虚筐也。

【注释】

①承:双手捧着。

②刲(kuī):割、刺。

【译文】

上六:少女手捧竹筐,筐里面没有东西,青年男子刺羊不见出血。没有什么好处。

《小象传》说:上六"筐中没有东西",是说手捧着空虚的竹筐。

丰卦第五十五

☲ 离下震上

【题解】

丰是本卦的卦名。《丰》卦下离上震，离为电，震为雷，有雷电皆至之象，雷鸣而有威，电闪而有光，雷电皆至威严而光明，所以有丰大、盛大之义。此卦通过描述具体的天象变化，说明丰大的道理。卦辞通过君王举行盛大祭祀宜在日光普照的中午举行，说明丰卦的核心思想是"明以动"。用明去指导动，这既是实现丰满盛大的途径，也是守持丰满盛大的关键。明，才能在思想上不骄不躁，才能在行动上不奢不疯。拥有王者之德的人可以臻于盛大，臻于繁荣，臻于兴旺，达到丰的境界。爻辞描述了天空中出现大的遮光物不断扩展而发生各种奇怪的现象，如六二、九四"丰其"，九三"丰其沛"，上六"丰其屋"，又以天空中显示出星斗说明天象奇异，并把它们与人事联系起来推断其吉凶福祸。《象传》给我们概括了自然界变动不居的道理，"日中则昃，月盈则食。天地盈虚，与时消息"。天地之间万事万物，盛极必衰，盈极必虚。《丰》卦还强调了"有孚发若"，"信以发志"，启示我们真诚是通向兴旺的必由之路，谎言、欺诈、空洞的说教只能将自己引向颓败。

【原文】

丰：亨，王假之，勿忧，宜日中。

【译文】

《丰》卦:举行祭祀,君王亲至,不要忧虑,适宜在中午进行。

【原文】

《彖》曰:丰,大也。明以动,故丰。"王假之",尚大也。"勿忧,宜日中",宜照天下也。日中则昃,月盈则食,天地盈虚,与时消息,而况于人乎?况于鬼神乎?

【译文】

《彖传》说:丰,是大的意思。光明而动,所以称为丰。"君王亲至",说明其崇尚盛大。"不要忧虑,适宜中午进行",因为中午的太阳可以普照天下。日到中午以后则开始西倾,月亮盈满就会开始亏蚀。天地之间的盈满亏虚,都随着时间或消亡或生息而变化,更何况人呢?更何况鬼神呢?

【原文】

《象》曰:雷电皆至,丰。君子以折狱致刑。

【译文】

《大象传》说:《丰》卦的上卦是震,震为雷;下卦是离,离为火,又代表闪电。雷电交加而至,是《丰》卦的卦象。君子效法此象,应该像雷电那样以威震和光明决断狱讼,动用刑罚。

【原文】

初九:遇其配①主,虽旬无咎,往有尚。

《象》曰:"虽旬无咎",过旬灾也。

【注释】

①配:帛书《易》作"肥"。肥,春秋时属白狄族一支,分布在今山西、河北一带。九四爻有"夷主","配主"正与"夷主"对文。

【译文】

初九:遇到肥族首领,只是在十天之内没有灾害,前往会受到尊敬重视。

《小象传》说:"只是在十天之内没有灾害",过了十天可能会有灾害。

【原文】

六二:丰其蔀①,日中见斗②。往得疑疾,有孚发若。吉。

《象》曰:"有孚发若",信以发志也。

【注释】

①丰:增大、扩大。蔀(bù):搭棚用的席,覆盖于棚架上以遮蔽阳光,泛指遮光物。

②斗:星斗。

【译文】

六二:云层增厚,光明大片被遮住,中午出现星斗。前往会有猜疑嫌怨,有诚信而启发。吉利。

《小象传》说:"有诚信而启发",诚信可以抒发远大的志向。

【原文】

九三:丰其沛①,日中见沬②。折其右肱③,无咎。

《象》曰:"丰其沛",不可大事也。"折其右肱",终不可用也。

【注释】

①沛:同"旆"(pèi),旗、幡、幔幕之义。
②沬:通"昧",意思是暗淡无光,这里是说日蚀。
③肱(gōng):手臂。

【译文】

九三:遮蔽太阳的幔幕扩大,中午变得昏黑无光,黑暗中折断了右臂,但没有咎灾。

《小象传》说:"遮蔽太阳的幔幕扩大",说明其不可以成就大事。"折断了右臂",说明其最终不可用。

【原文】

九四:丰其蔀,日中见斗。遇其夷主,吉。

《象》曰:"丰其蔀",位不当也。"日中见斗",幽不明也。"遇其夷主",吉行也。

【译文】

九四:云层增厚,光明大片被遮住,中午出现星斗。遇见了西戎族首领,吉利。

《小象传》说:"云层增厚,光明大片被遮住",其居位不当。"中午出现星斗",幽暗不明。"遇见了西戎族首领",出行吉利。

【原文】

六五:来章[①],有庆誉,吉。

《象》曰:六五之吉,有庆也。

【注释】

①章:古同"彰",彰明。

【译文】

六五:重现光明,人们有福庆和赞誉,吉利。

《小象传》说:"六五"之"吉利",有福庆。

【原文】

上六:丰其屋①,蔀其家,窥②其户,阒③其无人。三岁不觌④,凶。

《象》曰:"丰其屋",天际翔也。"窥其户,阒其无人",自藏也。

【注释】

①屋:是"幄"的本字,意思是帐幕。

②窥:窥视、小视、暗中察看。

③阒(qù):寂静;空虚。

④觌(dí):相见、看见。

【译文】

上六:帐幕不断扩大,遮蔽其居室,窥视其门户,寂静而无人。三年没有见人,凶险。

《小象传》说:"帐幕不断扩大",好似在天际飞翔。"窥视其门户,寂静而无人",自蔽深藏。

旅卦第五十六

☲ 艮下离上

【题解】

　　旅是本卦的卦名。《旅》卦下艮上离，艮为山，离为火，山上有火。火行而不止，故有旅行之义，而且《旅》卦内卦艮，山静止不动为主，为馆舍；外卦离，火动而为客，为行人，所以此卦有旅行之象。古人安土重迁，把长期离家外出、滞留他乡看成是万难的事。此卦通过描写旅途中发生的事情，讲述了在漂泊中寻求安居的原则，揭示了应对旅途的道理。卦辞说明《旅》卦是小有亨通，只有守正才能吉利。爻辞则根据所处之位而赋予了反映不同旅途生活的文辞，如初六低微卑贱，故辞为"旅琐琐"。六二居中得正位，故旅途中"得童仆，贞"。九三过中作出焚旅舍之事而"丧其童仆，贞厉"。九四因近六五而有"我心不快"之辞。六五阴爻居尊位而得中，旅途中射鸟而得荣誉，上九穷极，故先笑后哭，"丧牛于易"而有凶。由此说明旅客在不同的条件下，其行动会产生不同的后果。但是，出门在外，当以柔顺持中为本。卦中六爻，凡柔顺中和者得吉，刚强高傲者则凶。这方面道理好说不易做，所以《象传》说："旅之时义大矣哉。"

　　对于人来说，其一生何尝不能看作一个旅程呢？从出生的一刹那起，便不断接触陌生的环境和陌生的人。可以说，出生是旅程的起始，辞世是旅途的终结。整个过程中，不断变换陌生的场景，一生的喜怒哀乐，尽与旅途有关。人生百年,匆匆而过,恰如山火逐草而行,势不久留。我们都是"途中人",祝愿大家一路走好!

【原文】

旅:小亨,旅贞吉。

【译文】

《旅》卦:小有亨通,旅途中守正吉利。

【原文】

《彖》曰:"旅,小亨",柔得中乎外,而顺乎刚,止而丽乎明,是以"小亨,旅贞吉"也。旅之时义大矣哉!

【译文】

《彖传》说:旅,"小有亨通",六五爻阴柔居于外卦之中,而顺从阳刚,内卦艮为山静止而附丽与外卦离的光明,所以"小有亨通,旅途中守正吉利"。《旅》卦的意义真是太大啦!

【原文】

《象》曰:山上有火,旅。君子以明慎用刑,而不留狱。

【译文】

《大象传》说:《旅》卦的上卦是离,离为火;下卦为艮,艮为山。山上有火燃烧,是《旅》卦的卦象。君子效法此象,应当明察慎重地动用刑罚,一旦判决,就即刻执行而不滞留拖延狱讼。

【原文】

初六:旅琐琐①,斯其所取灾。

《象》曰:"旅琐琐",志穷灾也。

【注释】

①琐琐:卑劣,猥琐。

【译文】

初六:旅途中,举动猥琐卑贱,这是自己所招来的灾祸。

《小象传》说:"旅途中,举动猥琐卑贱",说明其志向穷尽而又有灾难。

【原文】

六二:旅即次①,怀其资,得童仆,贞。

《象》曰:"得童仆,贞",终无咎也。

【注释】

①即:接近、靠近、走向,与"离"对举,这里指住下。次:旅行时停留的处所、旅舍。

【译文】

六二:旅途中,住进旅舍,身上带有钱财,有童仆照顾,能坚守正道。

《小象传》说:"有童仆照顾,能坚守正道",说明其最终没有过失。

【原文】

九三:旅焚其次,丧其童仆,贞厉。

《象》曰:"旅焚其次",亦以伤矣。以旅与下,其义

"丧"也。

【译文】

九三:旅途中,焚烧了其所居住的旅舍,丧失了照顾自己的童仆,占之危厉。

《小象传》说:"旅途中,焚烧了其所居住的旅舍",亦受到了损伤。旅途中以傲慢的态度对待下人,其义必然"丧失"。

【原文】

九四:旅于处①,得其资斧②,我心不快。

《象》曰:"旅于处",未得位也,"得其资斧",心未快也。

【注释】

①处:处所、地方。
②资斧:资助工作或旅行的费用。

【译文】

九四:旅途中,暂为栖身,虽然得到资财,但心情仍然不痛快。

《小象传》说:"旅途中,暂为栖身",没有得到应得之位,故虽"得到资财",心情也仍然不痛快。

【原文】

六五:射雉,一矢亡,终以誉命。

《象》曰:"终以誉命",上逮也。

【译文】

六五:射野鸡,一箭射中目标,最终获得荣誉和爵命。

《小象传》说:"最终得到荣誉和爵命",能顺承及上,能向上达及居高位的尊者。

【原文】

上九:鸟焚其巢,旅人先笑后号咷。丧牛于易①,凶。

《象》曰:以旅在上,其义焚也。"丧牛于易",终莫之闻也。

【注释】

①易:同"埸",边境。

【译文】

上九:鸟巢失了火,旅人先高兴欢笑,后来哭泣呼号。丧牛于边境,凶险。

《小象传》说:身为旅客却居于高位,这样必然要遭到焚烧之灾。"丧牛于易",最终结果没有人知道。

巽卦第五十七

☴ 巽下巽上

【题解】

巽(xùn)是本卦的卦名。《巽》卦上下皆为巽,巽为风。在古人看来,风是天的号令,号令发出而万物顺从,所以《象传》说:"重巽以申命。"《象传》说:"君子以申命行事。"从爻画看,二阴分别伏于阳之下,有阴顺从阳之义。卦辞围绕这个中心,指出柔小谦顺可以致亨通而有所往,同时又指出上下顺从来自"大人"申命,所以称"利见大人"。但是六爻虽是描述与顺从有关的事,但作者立意并不是一味追求巽顺,而是认为爻位不同,要求不同,并提出在巽顺之时当有刚健之德。如初六阴爻柔顺居下,而以"武人之贞"为辞。六四阴爻柔顺,而以"田获"之功为辞。但是九三、上九则不同,是在巽顺之时以阳居阳位且位已过中,故其辞有"吝""凶"。九二、九五位居中位,以刚中之道行事,故曰有"吉"。"刚巽乎中正而志行",没有刚正德行是无法成事的。

【原文】

巽:小亨,利有攸往,利见大人。

【译文】

《巽》卦:小有亨通,利于有所前往,宜于见有权势的大人。

【原文】

《彖》曰:重巽以申命。刚巽乎中正而志行,柔皆顺乎刚。是以"小亨,利有攸往,利见大人"。

【译文】

《彖传》说:两巽相重以申王命。阳刚居中正之位而遂行其志,阴柔都顺从阳刚。所以"小有亨通,利于有所前往,宜于见有权势的人"。

【原文】

《象》曰:随风,巽。君子以申命行事。

【译文】

《大象传》说:《巽》卦的上下卦都是巽,巽为风,两风相随,是《巽》卦的卦象。君子效法此象当反复申明命令,履行其事。

【原文】

初六:进退,利武人之贞。

《象》曰:"进退",志疑也。"利武人之贞",志治也。

【译文】

初六:进退迟疑不决,宜于勇武之人守正。

《小象传》说:"进退迟疑不决",是指其心志疑惑犹豫。"宜于勇武之人守正",是勉励其修治,以树立武人般的勇武心志。

【原文】

九二:巽在床下,用史巫纷若,吉,无咎。

《象》曰:"纷若"之"吉",得中也。

【译文】

九二:谦和顺从居于床下,用很多巫师祈福驱灾,结果吉利,没有灾咎。

《小象传》说:"很多巫师祈求"得到的"吉利",是因为其得中位行中道。

【原文】

九三:频巽,吝。

《象》曰:"频巽"之"吝",志穷也。

【译文】

九三:频频而又过多的谦和顺从,则有吝难。

《小象传》说:"频频而又过多的谦和顺从"的"灾吝",说明其心志穷困丧失。

【原文】

六四:悔亡,田获三品①。

《象》曰:"田获三品",有功也。

【注释】

①三品:古代三品主要有以下几种解释:(1)"三品"指三种野兽。但是到底什么野兽又有分歧,有的认为是狼、豕、雉,有的认为是鸡、羊、

雉,有的认为是羊、牛、豕。(2)把"三品"解为"上杀""中杀""下杀"。古代天子诸侯打猎,猎取的野兽分三等:射中心脏的是"上杀",晒干后作为祭品;射中腿的是"中杀",可供宾客享用;射中腹的为"下杀",供自己食用,以此表示尊神敬宾。此处采用第二种观点。

【译文】

六四:悔恨消失,狩猎时获得三种猎物。

《小象传》说:"狩猎时获得三种猎物",说明其有功劳。

【原文】

九五:贞吉,悔亡,无不利。无初有终。先庚三日,后庚三日①,吉。

《象》曰:九五之"吉",位正中也。

【注释】

①庚:指古代天干中的第七干。古代以干支记日,干即天干,共计有十个:甲、乙、丙、丁、戊、己、庚、辛、壬、癸。庚在十天干中过六处七,象征变更。

【译文】

九五:守正吉利,悔恨消亡,没有不利的。开头不好,结果不错。在象征变更的"庚"日前三天丁日发布,在"庚"日后三天癸日施行,吉利。

《小象传》说:"九五"而有"吉利",由于其位得正守中。

【原文】

上九:巽在床下,丧其资斧①,贞凶。

《象》曰:"巽在床下",上穷也。"丧其资斧",正乎凶也。

【注释】

①资斧:资财与器用。泛指旅费。

【译文】

上九:谦和顺从居于床下,丢失了资财,占问凶险。

《小象传》说:"谦和顺从居于床下",因其已上达穷极之处。"丢失了资财",正好有"凶险"。

兑卦第五十八

䷹ 兑下兑上

【题解】

兑是本卦的卦名。《兑》卦上下皆兑,兑为泽,两泽并连而依附,泽水相互流通滋润,彼此受益,互有滋益之象,所以有喜悦之义。从爻画看,两阴爻分别在阳爻之上,非常自得,也有喜悦之义。《兑》卦说明了喜悦的道理,卦辞说明喜悦可致亨通,但必须正当守贞。爻辞以初九和九二两阳爻居下喜悦而有吉。六三在二阳之上,故小人喜悦,对君子来讲有凶。九四为臣位,在喜悦气氛中商量,但还未定下,这对臣而言有喜事。九五位尊,但为上六阴爻所乘,以示听信于小人美言,故有厉。上六阴爻居上,借助于九五之权势而有喜悦,故六爻虽皆有喜悦之义,但喜悦的含义和后果皆不同。但总的来说,刚中守正,柔顺处外是兑悦的一个重要原则,也就是《象传》所说的"刚中而柔外"。内有主见,坚守正道;同时又柔外接物,谦虚和气,尊重别人。如果离开了"贞",所谓的喜悦和谐可能变为谄媚讨好、虚情假意,为君子所不取。所以,具有"刚中"品德的君子,要加倍提防小人的逢迎讨好。

【原文】

兑:亨,利贞。

【译文】

《兑》卦:亨通,利于守正。

【原文】

《彖》曰:兑,说①也。刚中而柔外,说以"利贞",是以顺乎天而应乎人。说以先民,民忘其劳;说以犯难,民忘其死。说之大,民劝矣哉!

【注释】

①说:同"悦"。喜悦。

【译文】

《彖传》说:兑,是喜悦的意思。阳刚居中而阴柔在外,"利于守正",使人喜悦,所以能顺从天道而应和人心。以喜悦之事去引导民众前进,虽是劳苦而民不以为劳苦。以喜悦之事去引导民众奔赴危难,即使有死的危险而民众也死而无怨。喜悦的力量太大啦!它能使民众自我劝勉而努力啊!

【原文】

《象》曰:丽泽,兑。君子以朋友讲习。

【译文】

《大象传》说:《兑》卦的上下卦都是兑,兑为泽,两泽相依附,是《兑》卦的卦象。君子效法此象,应当与志同道合的朋友研讨学业,讲习道义。

【原文】

　　初九:和兑,吉。
　　《象》曰:"和兑"之"吉",行未疑也。

【译文】

　　初九:和睦喜悦,吉利。
　　《小象传》说:"和睦喜悦"而带来的"吉利",行动没有疑惑。

【原文】

　　九二:孚兑,吉,悔亡。
　　《象》曰:"孚兑"之"吉",信志也。

【译文】

　　九二:心悦诚服,吉利,悔恨消亡。
　　《小象传》说:"心悦诚服"而带来的"吉利",表明其有诚信之志。

【原文】

　　六三:来兑,凶。
　　《象》曰:"来兑"之"凶",位不当也。

【译文】

　　六三:前来求悦,凶险。
　　《小象传》说:"前来求悦"的"凶险",是因其位不当。

【原文】

　　九四:商兑,未宁,介疾①有喜。

《象》曰:九四之"喜",有庆也。

【注释】

①介:隔绝。疾:喻指六三谄邪之患。

【译文】

九四:商量中融洽喜悦,但事情尚未定下,心绪不宁。绝除谄佞者的邪疾,乃有喜庆的结果。

《小象传》说:"九四"之"喜",值得庆贺。

【原文】

九五:孚于剥,有厉。

《象》曰:"孚于剥",位正当也。

【译文】

九五:施诚信于剥离之道的小人,有危厉。

《小象传》说:"施诚信于剥离之道的小人",可惜了其所居正当之位。

【原文】

上六:引兑。

《象》曰:上六,"引兑",未光也。

【译文】

上六:引诱他人相与喜悦。

《小象传》说:上六"引诱他人相与喜悦",说明其道尚未广大。

涣卦第五十九

☴ 坎下巽上

【题解】

涣是本卦的卦名。《涣》卦下坎上巽,坎为水,巽为风,有风行水上之象。风行水上,水随风而散,故此卦有离散之义,此卦以具体的事例说明涣散的道理。卦辞说明大水来临之际,君王适合举行祭祀,以凝聚涣散之心,以救水患,故卦辞曰"利涉大川",但是方法应当正确。爻辞以水散冲击人物说明吉凶,因为爻所处的位置不同,虽皆有涣水,但是给人带来的后果却不一样。初六以示大水刚来之初,故此时赶快用壮马拯救方可得吉。六四近九五,天子,故因在大难之中救九五,可得吉。九五位尊,会得到众人保护,虽有大水冲其居,但无咎。九二、六三尽力救患,虽不成功,但也没有悔。上九水患过去,而无咎。总的来说,此卦揭示了在灾难来临之时,只有大家齐心协力,才能济患而免灾得吉。

【原文】

涣:亨。王假有庙,利涉大川,利贞。

【译文】

《涣》卦:亨通。君王到宗庙中祭祀,利于涉越大河,宜于守正。

【原文】

《彖》曰：涣，"亨"。刚来而不穷，柔得位乎外而上同。"王假有庙"，王乃在中也。"利涉大川"，乘木有功也。

【译文】

《彖传》说：涣，"亨通"。阳刚前来居于阴柔之中而不会穷困，阴柔得居外卦的正位，与上面阳刚同德。"君王到宗庙中祭祀"，君王在庙中居于众人正中。"利于涉越大河"，因为乘木船涉河而有渡济之功。

【原文】

《象》曰：风行水上，涣。先王以享于帝，立庙。

【译文】

《大象传》说：《涣》卦的上卦是巽，巽为风；下卦是坎，坎为水。风行水上，是《涣》卦的卦象。先王效法此象应当为收合人心祭享上帝，设立宗庙。

【原文】

初六：用拯马壮，吉。

《象》曰：初六之"吉"，顺也。

【译文】

初六：使用健壮的好马拯救，吉。

《小象传》说："初六"的"吉利"，这是由于它能顺承阳刚的缘故。

296

【原文】

九二:涣奔其机①,悔亡。

《象》曰:"涣奔其机",得愿也。

【注释】

①涣:水流散。机:帛书《易》作"阶",台阶。

【译文】

九二:水流奔至台阶,悔恨消亡。

《小象传》说:"水流奔至台阶",得其济涣的心愿。

【原文】

六三:涣其躬,无悔。

《象》曰:"涣其躬",志在外也。

【译文】

六三:水及自身,没有悔恨。

《小象传》说:"水及自身",说明其心志向外。

【原文】

六四:涣其群,元吉。涣有丘①,匪夷②所思。

《象》曰:"涣其群,元吉",光大也。

【注释】

①丘:高地。

②夷:平常。

【译文】

六四:水及众人,至为吉利。水冲向高地,这不是人们平常所能想到的。

《小象传》说:"水及众人,至为吉利",说明其道广大。

【原文】

九五:涣汗其大号,涣王居,无咎。

《象》曰:"王居无咎",正位也。

【译文】

九五:像发散汗水出而不返一样颁布盛大号令,疏散王者积储以凝聚天下人心,没有灾咎。

《小象传》说:"疏散王者积储,没有灾咎",因为其得居正位。

【原文】

上九:涣其血①去,逖②出,无咎。

《象》曰:"涣其血",远害也。

【注释】

①血:同"恤",意思是忧虑、忧患。

②逖:用作"惕",惊惧。

【译文】

上九:大水造成的忧患过去,惊恐排除,没有灾咎。

《小象传》说:"大水造成的忧患",表明其会远离灾害。

节卦第六十

☵ 兑下坎上

【题解】

《节》卦下兑上坎,兑为泽,坎为水,泽上有水,其容量总有一个限度,也就是堤防。堤防为节。节,有节制、节约之义。《节》卦说明了节制的道理及节制与人的吉凶关系。卦辞提出必须有所节制,有节制才能万事亨通,但是节制亦不可过甚,应该适度。过于刻薄的节制叫做苦节,苦节就违反了自然的法则,事物自然也就不会亨通,不可为正道。爻辞指出节制是一种美德,节制可以导致亨通,亦可以带来吉利(六四、九五)。但是过分的节制,不但不会有吉,反而有凶(上六)。若不节制,则会带来叹息(六三)。由于地位不同,其节制的后果也不一样。初九爻居下,位贱"不出户庭"而节制,则可无咎。九二阳刚居中,作为有中德的君子,以"不出门庭"而节制,不有为于社会,则有凶险。所以,应根据具体情况运用节制的道理,从实际出发选准限制点,以保证节制的顺利可行。同时,节制讲究适度与适中,过分严厉则难以执行,不能执行便不能长久亨通,而过分的宽松则失去必要的约束力。节制贵适当,如此方可万事亨通。

【原文】

节:亨。苦节不可贞。

【译文】

《节》卦:亨通。苦苦节制不可以守正。

【原文】

《彖》曰:节,"亨",刚柔分而刚得中。"苦节不可贞",其道穷也。说以行险,当位以节,中正以通。天地节而四时成。节以制度,不伤财,不害民。

【译文】

《彖传》说:节,"亨通",阳刚阴柔分居上下,九二、九五阳刚得居上下卦的中位。"苦苦节制不可以守正",过分节制则使节制之道穷困。心情喜悦以行险难,九五阳刚当位而施以节制,居中守正而能通达。天地阴阳之气互相节制,形成四时的变化。圣人君王以典章制度加以节制,就能够不伤费财物,不妨害民众百姓。

【原文】

《象》曰:泽上有水,节。君子以制数度,议德行。

【译文】

《大象传》说:《节》卦的上卦是坎,坎为水;下卦是兑,兑为泽。泽上有水,是《节》卦的卦象。君子效法此象,应当以制定典章制度和礼仪法度作为准则,审议德行。

【原文】

初九:不出户庭,无咎。

《象》曰:"不出户庭",知通塞也。

【译文】

初九:不出户门庭院,没有灾咎。

《小象传》说:"不出户门庭院",知晓通则当行,阻则当止的道理。

【原文】

九二:不出门庭,凶。

《象》曰:"不出门庭,凶",失时极也。

【译文】

九二:不出大门庭院,凶险。

《小象传》说:"不出大门庭院有凶",说明其彻底丧失了时机。

【原文】

六三:不节若,则嗟若,无咎。

《象》曰:"不节"之"嗟",又谁"咎"也。

【译文】

六三:不能节制,必然会带来忧愁嗟叹,但最终没有咎灾。

《小象传》说:"不能节制"而带来的"忧愁嗟叹",又能责怪谁呢?

【原文】

六四:安节,亨。

《象》曰:"安节"之"亨",承上道也。

【译文】

六四:安然实行节制,亨通。

《小象传》说:"安然实行节制"的"亨通",说明其顺承尊上之道。

【原文】

九五:甘节,吉。往有尚。

《象》曰:"甘节"之"吉",居位中也。

【译文】

九五:甘美愉悦地适当节制,这是吉利的。前往会受到佑助。

《小象传》说:"甘美愉悦地适当节制"的"吉利",是由于其居位得中。

【原文】

上六:苦节,贞凶,悔亡。

《象》曰:"苦节,贞凶",其道穷也。

【译文】

上六:苦苦节制,占问凶险,没有悔恨。

《小象传》说:"苦苦节制,占问凶险",节制之道已至穷困。

中孚卦第六十一

䷼ 兑下巽上

【题解】

中孚是本卦的卦名。《中孚》卦下兑上巽,兑为泽,巽为风,泽上有风,风令行于上,泽施与下,上下感应,有诚信取自中心之象。从文字学上看,孚,本指卵孚,后引申为信。"孚,卵孚也,从爪从子。鸟裛恒以爪反复其卵。鸟之孚卵,皆如其期而不失。故转训为信。"(朱骏声《六十四卦经解》)《中孚》卦阐明了中心诚信之义,主旨是强调诚与信的重要。诚,与虚伪对立,指真实不欺;信,与疑虑对立,指信念坚定。卦辞"豚鱼"说的是在祭祀时,其虔诚之心通过祭祀的猪和鱼表达出来。九二、九五居中,故其辞多有中心诚信之义。九二以鸟喻人,说明互应发自内心。九五居尊处中,故有诚信维系的样子。初九以阳得正位,故于诚信之时,虽有"马匹亡",但没有咎灾。上九过极失中道,故有凶。"天之道,孚贞而已。"(程颐语)"信而正,则应乎天矣。"(朱熹语)内心真诚信实,行为端庄正直,就会符合自然的法则与规律,就能万事亨达。

【原文】

中孚:豚鱼吉。利涉大川,利贞。

【译文】

《中孚》卦:用小猪和鱼祭祀,吉利。利于涉越大河,利于守正。

【原文】

《彖》曰:中孚,柔在内而刚得中,说而巽,孚乃化邦也。"豚鱼吉",信及豚鱼也。"利涉大川",乘木舟虚也。中孚以"利贞",乃应乎天也。

【译文】

《彖传》说:中孚,阴柔在内而阳刚居中,喜悦而谦顺,其诚信化于邦国。"用小猪和鱼祭祀,吉利",诚信达于小猪和鱼。"宜于涉越大河",是因中孚之象外实内虚,喻示能乘木舟渡船行水。中孚能"宜于守正",才是顺应天道。

【原文】

《象》曰:泽上有风,中孚。君子以议狱缓死。

【译文】

《大象传》说:《中孚》的上卦是巽,巽为风;下卦是兑,兑为泽。水泽之上有风,是《中孚》的卦象。君子效法此象应当审议狱讼,宽缓死刑。

【原文】

初九:虞[①]吉,有它[②]不燕[③]。

《象》曰:初九"虞吉",志未变也。

【注释】

①虞:安。
②它:意外、意外事故。
③燕:安乐。

【译文】

初九:安守诚信吉利,如果另有意外就会得不到安宁。

《小象传》说:初九"安守诚信吉利",是因为其志向没有改变。

【原文】

九二:鸣鹤在阴,其子和之。我有好爵①,吾与尔靡②之。

《象》曰:"其子和之",中心愿也。

【注释】

①好爵:美酒。爵:饮酒之器,这里指酒。
②靡:共享、同享。

【译文】

九二:鹤在树荫之中鸣叫,其子幼鹤应声而和鸣。我有美酒,我愿与你共享。

《小象传》说:"其子幼鹤应声而和鸣",发自内心的真诚愿望。

【原文】

六三:得敌,或鼓或罢,或泣或歌。

《象》曰:"或鼓或罢",位不当也。

【译文】

六三:战胜了敌人,有的击鼓发动进攻乘胜追击,有的收兵凯旋班师,有的哭泣流泪,有的放声歌唱。

《小象传》说:"有的击鼓发动进攻乘胜追击,有的收兵凯旋班师",是因为其居位不当的缘故。

【原文】

六四:月几望,马匹亡,无咎。

《象》曰:"马匹亡",绝类上也。

【译文】

六四:在月亮将圆的时日,马失掉了匹配的同类,但结果没有灾咎。

《小象传》说:"马失掉了匹配的同类",是说其诚信专一断绝同类,而专心顺上。

【原文】

九五:有孚挛如,无咎。

《象》曰:"有孚挛如",位正当也。

【译文】

九五:有诚信维系,没有灾咎。

《小象传》说:"有诚信维系",居位正当。

【原文】

上九:翰音[①]登于天,贞凶。

《象》曰:"翰音登于天",何可长也?

【注释】

①翰音:祭品中的鸡,这里指用鸡祭天。

【译文】

上九:祭祀时用鸡祭天,占问出现凶险。

《小象传》说:"用鸡祭天",怎么可能长久?

小过卦第六十二

☶ 艮下震上

【题解】

　　小过是本卦的卦名。《小过》卦下艮上震，艮为山，震为雷，雷响在山上，所以有小过之义。从爻画看，上下为二阴，中间是二阳爻，似上面二阴经过二阳而处二阳之上，故有小过之义。小，指阴，阴为小，阴经过而为小过，后引申为小的过失。此卦阐明了处理小过失的道理。卦辞说明处小过之时，不可做大事，可做小事；宜下有吉，宜上则会有过，这两点的基础都是"利贞"。爻辞以具体事例阐述了卦辞之义，初六处下，若上飞当有凶险；上六居上，以升过高，故有飞鸟被擒之灾。此与卦辞"不宜上，宜下"相呼应。六二虽有小过，若越过祖父，与祖母相见，越过君主，与其臣相遇，但因得位居中，所以无灾。此与卦辞"利贞"相呼应。九三、九四为阳爻本当在上，而今在阴之下，故没有过而相遇，故当"防""戒"，否则会有"厉""凶"。从正反两方面说明阴小"不宜上，宜下"的意思。六五已过阳，但因处中，故此爻有密雨不下之象，而于人则适合射鸟，揭示了只可做小事的含义。

【原文】

　　小过：亨，利贞。可小事，不可大事。飞鸟遗之音。

不宜上,宜下。大吉。

【译文】

《小过》卦:亨通,宜于守正。可以做小事,不可以做大事。飞鸟过后遗音犹在。不宜上而宜于下。大为吉利。

【原文】

《彖》曰:小过,小者过而亨也。过以"利贞",与时行也。柔得中,是以"小事"吉也;刚失位而不中,是以"不可大事"也。有"飞鸟"之象焉,"飞鸟遗之音,不宜上,宜下,大吉",上逆而下顺也。

【译文】

《彖传》说:小过,小有盛过而能"亨通"。盛过以"宜于守正",是因符合于时而行动。阴柔居中,所以"小事"吉利。阳刚失位而不居于中,所以"不可以做大事"。《小过》卦有"飞鸟"之象,"飞鸟过后遗音犹在,不宜上而宜下,大为吉利",是因为过上则逆而向下则顺啊!

【原文】

《象》曰:山上有雷,小过。君子以行过乎恭,丧过乎哀,用过乎俭。

【译文】

《大象传》说:《小过》的上卦是震,震为雷;下卦是艮,艮为山。山上有雷,是《小过》的卦象。君子效法此象,应当行动稍过恭敬,居丧稍过悲哀,费用稍过节俭。

【原文】

初六:飞鸟以凶。

《象》曰:"飞鸟以凶",不可如何也。

【译文】

初六:飞鸟向上强飞将会出现凶险。

《小象传》说:"飞鸟向上强飞将会出现凶险",是咎由自取,无可奈何。

【原文】

六二:过其祖,遇其妣;不及其君,遇其臣。无咎。

《象》曰:"不及其君","臣"不可过也。

【译文】

六二:越过祖父,而与祖母相见,没有到国君那里,而与臣仆相遇。没有咎害。

《小象传》说:"没有到国君那里",是说其不可越过"臣仆"而直达国君面前。

【原文】

九三:弗过防之,从①戕②之,凶。

《象》曰:"从或戕之","凶"如何也!

【注释】

①从:古同"纵",放任。

②戕(qiāng):杀害。

【译文】

九三:没有过失应加以防范,放纵就有被杀的危险,凶险。

《小象传》说:"放纵就有被杀的危险",说明其面临的"凶险"是多么的严重啊!

【原文】

九四:无咎,弗过遇之,往厉必戒,勿用,永贞。

《象》曰:"弗过遇之",位不当也。"往厉必戒",终不可长也。

【译文】

九四:没有咎害,没有过失而相遇,前往有危厉,必须戒备,这样的事不要做,要永远守持正道。

《小象传》说:"没有过失而相遇",其居位不当。"前往有危厉,必须有所戒备",最终不可能长久。

【原文】

六五:密云不雨,自我西郊。公弋①取彼在穴。

《象》曰:"密云不雨",已上也。

【注释】

①弋(yì):用带绳的箭射猎。

【译文】

六五:阴云密布,起自我西邑郊外上空,但还没有下雨。王公射鸟,在洞穴中得到了它。

《小象传》说:"阴云密布,还没有下雨",雨已在艮山之上。

【原文】

上六:弗遇过之,飞鸟离之,凶,是谓灾眚。

《象》曰:"弗遇过之",已亢也。

【译文】

上六:没有相遇而超过很远,如同无安栖之所的飞鸟被捕捉,有凶险,这就叫灾祸。

《小象传》说:"没有相遇而超过很远",是指其升过高已达到极点。

既济卦第六十三

☲ 离下坎上

【题解】

既济是本卦的卦名。《既济》卦下离上坎，离为火，坎为水，水性润下而在上，火性炎上而在下，水火相交而煮成物，所以称为既济。从爻画看，六爻三阴三阳交相揉合，皆得正位，彼此相应，体现了一种阴阳和谐、平衡之态，象征事物处于稳定状态，有既济之义。济，本指渡河，既的意思是已经，既济指江河已经渡过，后引申为事物已经成功。卦辞在说"亨"的同时，又说"初吉终乱"，这种吉、乱并提的做法，反映了《易经》的深刻思想，认识到事物过程的结束不等于发展的停止。事物总是在运动与变化着的，既济的和谐不可能永远保持，以此说明了事物成功以及向相反方向转化的情况，揭示了安定里面潜藏着动荡，吉利背后隐伏着危机。爻辞以渡河、战争、祭祀等说明如何对待既济的道理，六条爻辞都说明在事物成功之时，要注意戒备，不能高枕无忧。如初九戒"曳轮"，六二戒"丧勿逐"，九三戒"小人勿用"，六四"终日戒"，九五有"东邻杀牛"之戒，上六有"濡首厉"之戒。《既济》卦告诉我们，成功与失败，损失与收获，都没有绝对不可逾越的界限，完全可以相互转变。所以六二爻辞说妇人丢失了乘车的遮帘，不必寻找，它自己会回来，以此说明不济之中有济之理，也揭示了居安思危的哲理，突出地表现了《易经》的忧患意识。

【原文】

既济:亨小,利贞,初吉终乱。

【译文】

《既济》卦:有小的亨通,利于守正,起初吉利,最终混乱。

【原文】

《彖》曰:既济,"亨",小者亨也。"利贞",刚柔正而位当也。"初吉",柔得中也;"终"止则"乱",其道穷也。

【译文】

《彖传》说:既济,"亨通",小事而能亨通。"利于守正",阳刚阴柔都行正道、居位妥当。"起初吉利",阴柔得居中位;"最终"停止则将陷入"混乱",说明其道穷困。

【原文】

《象》曰:水在火上,既济。君子以思患而豫防之。

【译文】

《大象传》说:《既济》的上卦是坎,坎为水;下卦是离,离为火。水在火上,是《既济》的卦象。君子效法此象,应当思虑可能出现的忧患而事先预防它。

【原文】

初九:曳其轮,濡其尾,无咎。

《象》曰:"曳其轮",义无咎也。

【译文】

初九:往后拖拉车轮,沾湿了尾部,没有灾咎。

《小象传》说:"拖拉车轮",从道理上讲是"没有灾咎"的。

【原文】

六二:妇丧其茀①,勿逐,七日得。

《象》曰:"七日得",以中道也。

【注释】

①茀(fú):古代车上的遮蔽物。古代妇女乘车不露于世,车之前后设帐以自隐。

【译文】

六二:妇人丢失了乘车的遮帘,不用去追找,七天可以复得。

《小象传》说:"七天可以复得",是因为其用行中道的缘故。

【原文】

九三:高宗伐鬼方①,三年克之。小人勿用。

《象》曰:"三年克之",惫也。

【注释】

①高宗:殷周帝王,名武丁。"鬼方"是殷周时西北边疆上的国家。

【译文】

九三:殷高宗讨伐鬼方,经过了三年攻克鬼方。不可任用小人。

《小象传》说:"三年攻克鬼方",说明已是疲惫不堪。

【原文】

六四:繻有衣袽①,终日戒。

《象》曰:"终日戒",有所疑也。

【注释】

①繻(rú):当作濡,濡湿,指渗漏。袽(rú):烂衣服或破旧棉絮。

【译文】

六四:船漏水濡湿,用破布棉絮塞堵漏船,整天保持戒备。

《小象传》说:"整天保持戒备",说明此时心中有所疑惑,感到恐惧。

【原文】

九五:东邻杀牛,不如西邻之禴祭,实受其福。

《象》曰:"东邻杀牛",不如"西邻"之时也,"实受其福",吉大来也。

【译文】

九五:东邻杀牛举行盛大祭祀,不如西邻进行简单的祭祀,而实际上受到了上天的赐福。

《小象传》说:"东邻杀牛举行盛大祭祀",不如"西邻"正当其位、恰得其时,"实际上受到了上天的赐福",说明吉祥滚滚涌来。

【原文】

上六:濡其首,厉。

《象》曰:"濡其首,厉",何可久也?

【译文】

上六:沾湿了头,有危险。

《小象传》说:"沾湿了头,有危险",怎么会长久守成呢?

未济卦第六十四

☲ 坎下离上

【题解】

未济是本卦的卦名。《未济》卦下坎上离，坎水润下而在下，离火炎上而在上，水火不相交，表示事物没有成功。从爻画看，《未济》卦六爻位皆不正，有未成功之义。《未济》卦紧接在《既济》卦之后，两卦卦象相反，六爻性质也同样彼此相反。这一切与《既济》六爻辞联系起来似乎表明，新时期开始在旧过程中，新旧之间没有不可逾越的鸿沟。既济本指渡过了河，引申为成功，而未济指未渡过河，说明了未成功的道理。《未济》卦接着引申上一卦的道理：既济中有未济，未济中又有既济。卦辞以小狐狸过河为例说明，在事物未成功之时，当小心谨慎，否则将前功尽弃，徒劳无益。爻辞又以渡河、讨伐、饮酒事例说明《未济》卦所蕴藏的深刻道理。初六阴柔才弱处坎水之下，以示无力渡河，所以有难。九二虽处坎水之中，却有刚中之德、渡河之才，但不能蛮干，用正确方法可以得吉，如辞所言："曳其轮，贞吉。"六三阴柔才弱又处坎水之极，故没有过河而有凶险，但此时适合有德才之人前来救险，故辞以"饮酒无咎"说明胜利的喜悦。但上九居卦之极，故辞以饮酒"濡其首"说明由于高兴过度"失是"，而使事物向相反方向转化。《易经》作者立既济、未济两卦，一方面揭示了事物完成并不意味着事物发展的终结，而是一个无限发展的过程；另一方面也说明了成功与失败是相伴相随的，可以相互转化,并告诫人们成功之时要小心谨慎,防止其转化,失败之时,增强信心,抓住时机,以渡过险难。明智的人审慎应时行事,有张有弛,有急有缓,从不盲目冒进,也不会停滞不前,丧失良机。他总在寻求一种巧妙的和谐与平衡,使事业有节奏地稳步发展,进而取得最后的成功。

这里反映了中国人善于从正反、对立两方面体悟宇宙人间、万事万物运动变化的思维习惯。既济不会永远是既济,不济不会永远是不济。不济中有济,济中有不济。万物生生不息,新陈代谢,推陈出新,代谢无疆,也许这就是真正的永恒。

【原文】

　　未济:亨。小狐汔济①,濡②其尾,无攸利。

【注释】

①汔(qì):将要、接近。济:渡水。
②濡:沾湿。

【译文】

《未济》卦:亨通顺利。小狐狸将要渡过河时,沾湿了尾巴,没有什么吉利。

【原文】

　　《象》曰:未济,"亨",柔得中也。"小狐汔济",未出中也。"濡其尾,无攸利",不续终也。虽不当位,刚柔应也。

【译文】

《象传》说:未济,"亨通",阴柔居中得行中道。"小狐狸将要渡过河",尚未脱离出坎水险难。"沾湿了尾巴,没有什么吉利",不能持续至终。虽然《未济》卦的六爻都不当位,但阳刚阴柔皆互相应合。

【原文】

《象》曰:火在水上,未济。君子以慎辨物居方。

【译文】

《大象传》说:《未济》的上卦是离,离为火;下卦是坎,坎为水。火在水上,二者相对相克,是《未济》的卦象。君子效法此象应当以谨慎分辨事物,处理四方之事。

【原文】

初六:濡其尾,吝。

《象》曰:"濡其尾",亦不知极也。

【译文】

初六:小狐狸沾湿了尾巴,将有吝羞。

《小象传》说:"小狐狸沾湿了尾巴",说明其自不量力,不知道自己究竟能使多大的气力。

【原文】

九二:曳①其轮,贞吉。

《象》曰:九二"贞吉",中以行正也。

【注释】

①曳:牵引。

【译文】

九二:向后拖拉车轮,守正吉利。

《小象传》说:九二"守正吉利",说明用中而行正。

【原文】

六三:未济,征凶,利涉大川。

《象》曰:"未济,征凶",位不当也。

【译文】

六三:尚未渡过河,出征则有凶险,利于渡过大河。

《小象传》说:"尚未渡过河,出征则有凶险",处位不当。

【原文】

九四:贞吉,悔亡。震用伐鬼方,三年有赏于大国。

《象》曰:"贞吉,悔亡",志行也。

【译文】

九四:占问吉利,悔恨消失。周人动用兵力讨伐鬼方,经过三年取胜,得到了大国的奖赏。

《小象传》说:"占问吉利,悔恨消失",其志得以行施。

【原文】

六五:贞吉,无悔。君子之光有孚,吉。

《象》曰:"君子之光",其晖①"吉"也。

【注释】

①晖:同"辉",光辉。

【译文】

六五:占问吉利,没有悔恨之事。君子的光辉在于心怀诚信,这是吉利的。

《小象传》说:"君子的光辉",说明其光辉"吉祥"。

【原文】

上九:有孚于饮酒,无咎。濡其首,有孚失是。

《象》曰:饮酒濡首,亦不知节也。

【译文】

上九:心怀诚信于饮酒之中,没有咎害。若醉后以酒沾湿了头部,虽有诚信但也失去了正道。

《小象传》说:饮酒沾湿了头部,也是不知节制的结果。

附录

系辞上

天尊地卑,乾坤定矣。卑高以陈,贵贱位矣。动静有常,刚柔断矣。方以类聚,物以群分,吉凶生矣。在天成象,在地成形,变化见矣。是故刚柔相摩,八卦相荡。鼓之以雷霆,润之以风雨。日月运行,一寒一暑。乾道成男,坤道成女。乾知大始,坤作成物。乾以易知,坤以简能。易则易知,简则易从。易知则有亲,易从则有功。有亲则可久,有功则可大。可久则贤人之德,可大则贤人之业。易简,而天下之理得矣。天下之理得,而成位乎其中矣。

圣人设卦观象,系辞焉而明吉凶,刚柔相推而生变化。是故吉凶者,失得之象也;悔吝者,忧虞之象也;变化者,进退之象也;刚柔者,昼夜之象也。六爻之动,三极之道也。是故君子所居而安者,《易》之序也;所乐而玩者,爻之辞也。是故君子居则观其象而玩其辞,动则观其变而玩其占。是以"自天祐之,吉无不利"。

彖者,言乎象者也。爻者,言乎变者也。吉凶者,言乎其失得也。悔吝者,言乎其小疵也。无咎者,善补过也。是故列贵贱者存乎位,齐大小者存乎卦,辩吉凶者存乎辞,忧悔吝者存乎介,震无咎者存乎悔。是故卦有大小,辞有险易。辞也者,各指其所之。

《易》与天地准，故能弥纶天地之道。仰以观于天文，俯以察于地理，是故知幽明之故。原始反终，故知死生之说。精气为物，游魂为变，是故知鬼神之情状。与天地相似，故不违。知周乎万物而道济天下，故不过。旁行而不流，乐天知命，故不忧。安土敦乎仁，故能爱。范围天地之化而不过，曲成万物而不遗，通乎昼夜之道而知，故神无方而《易》无体。

一阴一阳之谓道。继之者，善也；成之者，性也。仁者见之谓之仁，知者见之谓之知。百姓日用不知，故君子之道鲜矣。显诸仁，藏诸用，鼓万物而不与圣人同忧。盛德大业至矣哉！富有之谓大业，日新之谓盛德。生生之谓易，成象之谓乾，效法之谓坤，极数知来之谓占，通变之谓事，阴阳不测之谓神。

夫《易》，广矣大矣！以言乎远则不御，以言乎迩则静而正，以言乎天地之间则备矣。夫乾，其静也专，其动也直，是以大生焉。夫坤，其静也翕，其动也辟，是以广生焉。广大配天地，变通配四时，阴阳之义配日月，易简之善配至德。

子曰："《易》，其至矣乎。夫《易》，圣人所以崇德而广业也。知崇礼卑，崇效天，卑法地。天地设位，而《易》行乎其中矣。成性存存，道义之门。"

圣人有以见天下之赜，而拟诸其形容，象其物宜，是故谓之象。圣人有以见天下之动，而观其会通，以行其典礼，系辞焉以断其吉凶，是故谓之爻。言天下之至赜而不可恶也，言天下之至动而不可乱也。拟之而后言，议之而后动，拟议以成其变化。"鸣鹤在阴，其子和之。我有好爵，吾与尔靡之。"子曰："君子居其室，出其言善，则千里之外应之，况其迩者乎！居其室，出其言不善，则千里之外而违之，况其迩者乎！言出乎身，加乎民。行发乎迩，见乎远。言行，君子之枢机。枢机之发，荣辱之主也。言行，君子之所以动天地也，可不慎乎？"

"同人先号啕而后笑。"子曰："君子之道，或出或处，或默或语，二人同心，其利断金。同心之言，其臭如兰。"初六，"藉用白茅，无咎"。子曰："苟错诸地而可矣。藉之用茅，何咎之有？慎之至也。夫茅之为物薄，而用可重也。慎斯术也以往，其无所失矣。""劳谦，君子有终，吉。"子曰："劳而不伐，有功而不德，厚之至也。语以其功下人者也。德言盛，礼言恭。谦也者，致恭以存其位者也。""亢龙有悔。"子曰："贵而无位，高而无民，贤人在下位而无辅，是以动而有悔也。""不出户庭，无咎。"子曰："乱之所生也，则言语以为阶。君不密则失臣，臣不密则失身，几事不密则害成，是以君子慎密而不出也。"子曰："作《易》者，其知盗乎？《易》曰'负且乘，致寇至。'负也者，小人之事也。乘也者，君子之器也。小人而乘君子之器，盗思夺之矣。上慢下暴，盗思伐之矣。慢藏诲盗，冶容诲淫。《易》曰'负且乘，致寇至'，盗之招也。"

大衍之数五十，其用四十有九。分而为二以象两，挂一以象三，揲之以四以象四时，归奇于扐以象闰。五岁再闰，故再扐而后挂。天数五，地数五，五位相得而各有合。天数二十有五，地数三十，凡天地之数五十有五。此所以成变化而行鬼神也。《乾》之策二百一十有六，《坤》之策百四十有四，凡三百六十，当期之日。二篇之策，万有一千五百二十，当万物之数也。是故四营而成《易》，十有八变而成卦。八卦而小成，引而伸之，触类而长之，天下之能事毕矣。显道神德行，是故可与酬酢，可与祐神矣。子曰："知变化之道者，其知神之所为乎！"

《易》有圣人之道四焉，以言者尚其辞，以动者尚其变，以制器者尚其象，以卜筮者尚其占。是以君子将有为也，将有行也，问焉而以言,其受命也如响,无有远近幽深,遂知来物。非天下之至精,其孰能与于此?参伍以变,错综其数。通其变,遂成天地之文;极其数,遂定天下之象。非天下之至变,其孰能与于此?《易》无思也,无为也,寂然不动,感而遂通天下之故。非天下之至神,其孰能与于此?夫《易》,圣人之所以极深而研几也。唯深也,故能通天下之志;唯几也,故能成天下之务;唯神也,故不疾而速,不行而至。子曰"《易》有圣人之道四焉"者,此之谓也。

天一地二,天三地四,天五地六,天七地八,天九地十。子曰:"夫《易》,何为者也?夫《易》开物成务,冒天下之道,如斯而已者也。"是故圣人以通天下之志,以定天下之业,以断天下之疑。是故蓍之德圆而神,卦之德方以知,六爻之义易以贡。圣人以此洗心,退藏于密,吉凶与民同患。神以知来,知以藏往。其孰能与于此哉!古之聪明睿知,神武而不杀者夫!是以明于天之道,而察于民之故,是兴神物以前民用。圣人以此斋戒,以神明其德夫!是故阖户谓之坤,辟户谓之乾。一阖一辟谓之变,往来不穷谓之通,见乃谓之象,形乃谓之器,制而用之谓之法,利用出入、民咸用之谓之神。

是故《易》有太极,是生两仪,两仪生四象,四象生八卦,八卦定吉凶,吉凶生大业。是故法象莫大乎天地,变通莫大乎四时,县象著明莫大乎日月,崇高莫大乎富贵。备物致用,立成器以为天下利,莫大乎圣人。探赜索隐,钩深致远,以定天下之吉凶,成天下之亹亹者,莫大乎蓍龟。是故天生神物,圣人则之;天地变化,圣人效之;天垂象,见吉凶,圣人象之;河出图,洛出书,圣人则之。《易》有四象,所以示也;系辞焉,所以告也;定之以吉凶,所以断也。《易》曰:"自天祐之,吉无不利。"子曰:"祐者,助也。天之所助者,顺也;人之所助者,信也。履信思乎顺,又以尚贤也,是以'自天祐之,吉无不利'也。"

子曰:"书不尽言,言不尽意。"然则圣人之意,其不可见乎?子曰:"圣人立象以尽意,设卦以尽情伪,系辞焉以尽其言,变而通之以尽利,鼓之舞之以尽神。"乾坤,其《易》之缊邪?乾坤成列,而《易》立乎其中矣。乾坤毁,则无以见《易》。《易》不可见,则乾坤或几乎息矣。是故形而上者谓之道,形而下者谓之器,化而裁之谓之变,推而行之谓之通,举而错之天下之民谓之事业。是故夫象,圣人有以见天下之赜,而拟诸其形容,象其物宜,是故谓之象。圣人有以见天下之动,而观其会通,以行其典礼,系辞焉以断其吉凶,是故谓之爻。极天下之赜者存乎卦,鼓天下之动者存乎辞,化而裁之存乎变,推而行之存乎通,神而明之存乎其人,默而成之,不言而信,存乎德行。

系辞下

八卦成列,象在其中矣。因而重之,爻在其中矣。刚柔相推,变在其中矣。系辞焉而命之,动在其中矣。吉凶悔吝者,生乎动者也。刚柔者,立本者也。变通者,趣时者也。吉凶者,贞胜者也。天地之道,贞观者也。日月之道,贞明者也。天下之动,贞夫一者也。夫乾,确然示人易矣;夫坤,隤然示人简矣。爻也者,效此者也。象也者,像此者也。爻象动乎内,吉凶见乎外。功业见乎变,圣人之情见乎辞。天地之大德曰生,圣人之大宝曰位。何以守位？曰仁。何以聚人？曰财。理财正辞,禁民为非曰义。

古者包牺氏之王天下也,仰则观象于天,俯则观法于地,观鸟兽之文,与地之宜,近取诸身,远取诸物,于是始作八卦,以通神明之德,以类万物之情。作结绳而为网罟,以佃以渔,盖取诸《离》。包牺氏没,神农氏作。斫木为耜,揉木为耒,耒耨之利,以教天下,盖取诸《益》。日中为市,致天下之民,聚天下之货,交易而退,各得其所,盖取诸《噬嗑》。神农氏没,黄帝、尧、舜氏作,通其变,使民不倦,神而化之,使民宜之。《易》穷则变,变则通,通则久,是以"自天祐之,吉无不利"。黄帝、尧、舜氏垂衣裳而天下治,盖取诸《乾》《坤》。刳木为舟,剡木为楫,舟楫之利,以济不通,致远以利天下,盖取诸《涣》。服牛乘马,引重致远,以利天下,盖取诸《随》。重门击柝,以待暴客,盖取诸《豫》。断木为杵,掘地为臼,臼杵之利,万民以济,盖取诸《小过》。弦木为弧,剡木为矢,弧矢之利,以威天下,盖取诸《睽》。上古穴居而野处,后世圣人易之以宫室,上栋下宇,以待风雨,盖取诸《大壮》。古之葬者,厚衣之以薪,葬之中野,不封不树,丧期无数,后世圣人易之以棺椁,盖取诸《大过》。上古结绳而治,后世圣人易之以书契,百官以治,万民以察,盖取诸《夬》。

是故《易》者,象也。象也者,像也。彖者,材也。爻也者,效天下之动者也。是故吉凶生而悔吝著也。

阳卦多阴,阴卦多阳,其故何也？阳卦奇,阴卦耦,其德行何也？阳一君而二民,君子之道也；阴二君而一民,小人之道也。

《易》曰："憧憧往来,朋从尔思。"子曰："天下何思何虑？天下同归而殊涂,一致而百虑。天下何思何虑？日往则月来,月往则日来,日月相推而明生焉。寒往则暑来,暑往则寒来,寒暑相推而岁成焉。往者屈也,来者信也,屈信相感而利生焉。尺蠖之屈,以求信也。龙蛇之蛰,以存身也。精义入神,以致用也。利用安身,以崇德也。过此以往,未之或知也。穷神知化,德之盛也。"《易》曰:"困于石,据于蒺藜,入于其宫,不见其妻,凶。"子曰:"非所困而困焉,名必辱。非所据而据焉,身必危。既辱且危,死期将至,妻其可得见耶?"《易》曰:"公用射隼于高墉之上,获之,无不利。"子曰:"隼者,禽也。弓矢者,器也。射之者,人也。君子藏器于身,待时而动,何不利之有? 动而不括,是以出而有获,语成器而动者也。"

　　子曰:"小人不耻不仁,不畏不义,不见利不劝,不威不惩。小惩而大诫,此小人之福也。《易》曰:'屦校灭趾,无咎。'此之谓也。""善不积不足以成名,恶不积不足以灭身。小人以小善为无益而弗为也,以小恶为无伤而弗去也,故恶积而不可揜,罪大而不可解。《易》曰:'何校灭耳,凶。'"子曰:"危者,安其位者也。亡者,保其存者也。乱者,有其治者也。是故君子安而不忘危,存而不忘亡,治而不忘乱,是以身安而国家可保也。《易》曰:'其亡其亡,系于苞桑。'"子曰:"德薄而位尊,知小而谋大,力小而任重,鲜不及矣。《易》曰:'鼎折足,覆公𫗦,其形渥,凶。'言不胜其任也。"子曰:"知几其神乎? 君子上交不谄,下交不渎,其知几乎? 几者动之微,吉之先见者也。君子见几而作,不俟终日。《易》曰:'介于石,不终日,贞吉。'介如石焉,宁用终日,断可识矣。君子知微知彰,知柔知刚,万夫之望。"子曰:"颜氏之子,其殆庶几乎? 有不善,未尝不知;知之,未尝复行也。《易》曰:'不远复,无祇悔,元吉。'""天地绸缊,万物化醇。男女构精,万物化生。《易》曰:'三人行,则损一人;一人行,则得其友。'言致一也。"子曰:"君子安其身而后动,易其心而后语,定其交而后求。君子修此三者,故全也。危以动,则民不与也。惧以语,则民不应也。无交而求,则民不与也。莫之与,则伤之者至矣。《易》曰:'莫益之,或击之。立心勿恒,凶。'"

　　子曰:"乾坤,其《易》之门邪?"乾,阳物也;坤,阴物也。阴阳合德而刚柔有体,以体天地之撰,以通神明之德。其称名也,杂而不越。于稽其类,其衰世之意邪?夫《易》,彰往而察来,而微显阐幽。开而当名,辨物、正言、断辞则备矣。其称名也小,其取类也大。其旨远,其辞文。其言曲而中,其事肆而隐。因贰以济民行,以明失得之报。

　　《易》之兴也,其于中古乎?作《易》者,其有忧患乎?是故《履》,德之基也;《谦》,德之柄也;《复》,德之本也;《恒》,德之固也;《损》,德之修也;《益》,德之裕也;《困》,德之辨也;《井》,德之地也;《巽》,德之制也;《履》,和而至,《谦》,尊而光,《复》,小而辨于物,《恒》,杂而不厌,《损》,先难而后易,《益》,长裕而不设,《困》,穷而通,《井》,居其所而迁,《巽》,称而隐。《履》以和行,《谦》以制礼,《复》以自知,《恒》以一德,《损》以远害,《益》以兴利,《困》以寡怨,《井》以辩义,《巽》以行权。

　　《易》之为书也不可远,为道也屡迁。变动不居,周流六虚,上下无常,刚柔相易,不可为曲要,唯变所适。其出入以度,外内使知惧。又明于忧患与故,无有师保,如临父母。初率其辞而揆其方,既有典常。苟非其人,道不虚行。

　　《易》之为书也,原始要终以为质也。六爻相杂,唯其时物也。其初难知,其上易知,本末也。初辞拟之,卒成之终。若夫杂物撰德，辨是与非，则非其中爻不备。噫！亦要存亡吉凶，则居可知矣。知者观其彖辞，则思过半矣。二与四位，同功而异位，其善不同。二多誉，四多惧，近也。柔之为道，不利远者，其要无咎，其用柔中也。三与五，同功而异位。三多凶，五多功，贵贱之等也。其柔危，其刚胜邪？

《易》之为书也，广大悉备。有天道焉，有人道焉，有地道焉。兼三材而两之，故六。六者，非它也，三材之道也。道有变动，故曰爻。爻有等，故曰物。物相杂，故曰文。文不当，故吉凶生焉。

《易》之兴也，其当殷之末世，周之盛德邪？当文王与纣之事邪？是故其辞危。危者使平，易者使倾，其道甚大，百物不废。惧以终始，其要无咎。此之谓易之道也。

夫乾，天下之至健也，德行恒易以知险。夫坤，天下之至顺也，德行恒简以知阻。能说诸心，能研诸侯之虑，定天下之吉凶，成天下之亹亹者。是故变化云为，吉事有祥，象事知器，占事知来。天地设位，圣人成能，人谋鬼谋，百姓与能。八卦以象告，爻彖以情言，刚柔杂居而吉凶可见矣。变动以利言，吉凶以情迁。是故爱恶相攻而吉凶生，远近相取而悔吝生，情伪相感而利害生。凡《易》之情，近而不相得则凶。或害之，悔且吝。将叛者，其辞惭；中心疑者，其辞枝；吉人之辞寡；躁人之辞多；诬善之人，其辞游；失其守者，其辞屈。

说　卦

昔者圣人之作《易》也，幽赞于神明而生蓍，参天两地而倚数,观变于阴阳而立卦,发挥于刚柔而生爻,和顺于道德而理于义,穷理尽性以至于命。

昔者圣人之作《易》也,将以顺性命之理。是以立天之道曰阴与阳,立地之道曰柔与刚,立人之道曰仁与义。兼三才而两之,故《易》六画而成卦。分阴分阳,迭用柔刚,故《易》六位而成章。

天地定位,山泽通气,雷风相薄,水火不相射。八卦相错,数往者顺,知来者逆,是故《易》逆数也。

雷以动之,风以散之,雨以润之,日以烜之,艮以止之,兑以说之,乾以君之,坤以藏之。

帝出乎震,齐乎巽,相见乎离,致役乎坤,说言乎兑,战乎乾,劳乎坎,成言乎艮。

万物出乎震,震,东方也;齐乎巽,巽,东南也。齐也者,言万物之絜齐也。离也者,明也。万物皆相见,南方之卦也。圣人南面而听天下,向明而治,盖取诸此也。坤也者,地也,万物皆致养焉,故曰"致役乎坤"。兑,正秋也,万物之所说也,故曰"说言乎兑"。战乎乾,乾,西北之卦也,言阴阳之相薄也。坎者,水也,正北方之卦也,劳卦也,万物之所归也,故曰"劳乎坎"。艮,东北之卦也,万物之所成终而所成始也,故曰"成言乎艮"。

神也者,妙万物而为言者也。动万物者莫疾乎雷,桡万物者莫疾乎风,燥万物者莫熯乎火,说万物者莫说乎泽,润万物者莫润乎水,终万物始万物者莫盛乎艮。故水火相逮,雷风不相悖,山泽通气,然后能变化,既成万物也。

乾,健也。坤,顺也。震,动也。巽,入也。坎,陷也。离,丽也。艮,止也。兑,说也。

乾为马，坤为牛，震为龙，巽为鸡，坎为豕，离为雉，艮为狗，兑为羊。

乾为首，坤为腹，震为足，巽为股，坎为耳，离为目，艮为手，兑为口。

乾，天也，故称乎父。坤，地也，故称乎母。震一索而得男，故谓之长男。巽一索而得女，故谓之长女。坎再索而得男，故谓之中男。离再索而得女，故谓之中女。艮三索而得男，故谓之少男。兑三索而得女，故谓之少女。

乾为天，为圜，为君，为父，为玉，为金，为寒，为冰，为大赤，为良马，为老马，为瘠马，为驳马，为木果。坤为地，为母，为布，为釜，为吝啬，为均，为子母牛，为大舆，为文，为柄，其于地也为黑。震为雷，为龙，为玄黄，为旉，为大涂，为长子，为决躁，为苍筤竹，为萑苇。其于马也，为善鸣，为馵足，为作足，为的颡。其于稼也，为反生。其究为健，为蕃鲜。巽为木，为风，为长女，为绳直，为工，为白，为长，为高，为进退，为不果，为臭。其于人也，为寡发，为广颡，为多白眼，为近利市三倍，其究为躁卦。坎为水，为沟渎，为隐伏，为矫輮，为弓轮。其于人也，为加忧，为心病，为耳痛，为血卦，为赤。其于马也，为美脊，为亟心，为下首，为薄蹄，为曳。其与舆也，为多眚，为通，为月，为盗。其与木也，为坚多心。离为火，为日，为电，为中女，为甲胄，为戈兵。其与人也，为大腹，为乾卦，为鳖，为蟹，为蠃，为蚌，为龟。其于木也，为科上槁。艮为山，为径路，为小石，为门阙，为果蓏，为阍寺，为指，为狗，为鼠，为黔喙之属。其于木也，为坚多节。兑为泽，为少女，为巫，为口舌，为毁折，为附决。其于地也，为刚卤，为妾，为羊。

序　卦

　　有天地,然后万物生焉。盈天地之间者,唯万物,故受之以《屯》。屯者,盈也,屯者物之始生也。物生必蒙,故受之以《蒙》。蒙者,蒙也,物之稚也。物稚不可不养也,故受之以《需》。需者,饮食之道也。饮食必有讼,故受之以《讼》。讼必有众起,故受之以《师》。师者,众也。众必有所比,故受之以《比》。比者,比也。比必有所畜,故受之以《小畜》。物畜然后有礼,故受之以《履》。履而泰,然后安,故受之以《泰》。泰者,通也。物不可以终通,故受之以《否》。物不可以终否,故受之以《同人》。与人同者,物必归焉,故受之以《大有》。有大者不可以盈,故受之以《谦》。有大而能谦必豫,故受之以《豫》。豫必有随,故受之以《随》。以喜随人者必有事,故受之以《蛊》。蛊者,事也。有事而后可大,故受之以《临》。临者,大也。物大然后可观,故受之以《观》。可观而后有所合,故受之以《噬嗑》。嗑者,合也。物不可以苟合而已,故受之以《贲》。贲者,饰也。致饰然后亨则尽矣,故受之以《剥》。剥者,剥也。物不可以终尽剥,穷上反下,故受之以《复》。复则不妄矣,故受之以《无妄》。有无妄,然后可畜,故受之以《大畜》。物畜然后可养,故受之以《颐》。颐者,养也。不养则不可动,故受之以《大过》。物不可以终过,故受之以《坎》。坎者,陷也。陷必有所丽,故受之以《离》。离者,丽也。

有天地然后有万物，有万物然后有男女，有男女然后有夫妇，有夫妇然后有父子，有父子然后有君臣，有君臣然后有上下，有上下然后礼义有所错。夫妇之道，不可以不久也，故受之以《恒》。恒者，久也。物不可以久居其所，故受之以《遯》。遯者，退也。物不可终遯，故受之以《大壮》。物不可以终壮，故受之以《晋》。晋者，进也。进必有所伤，故受之以《明夷》。夷者，伤也。伤于外必反于家，故受之以《家人》。家道穷必乖，故受之以《睽》。睽者，乖也。乖必有难，故受之以《蹇》。蹇者，难也。物不可终难，故受之以《解》。解者，缓也。缓必有所失，故受之以《损》。损而不已必益，故受之以《益》。益而不已必决，故受之以《夬》。夬者，决也。决必有所遇，故受之以《姤》。姤者，遇也。物相遇而后聚，故受之以《萃》。萃者，聚也。聚而上者谓之升，故受之以《升》。升而不已必困，故受之以《困》。困乎上者，必反下，故受之以《井》。井道不可不革，故受之以《革》。革物者莫若鼎，故受之以《鼎》。主器者莫若长子，故受之以《震》。震者，动也。物不可以终动，止之，故受之以《艮》。艮者，止也。物不可以终止，故受之以《渐》。渐者，进也。进必有所归，故受之以《归妹》。得其所归者必大，故受之以《丰》。丰者，大也。穷大者必失其居，故受之以《旅》。旅而无所容，故受之以《巽》。巽者，入也。入而后说之，故受之以《兑》。兑者，说也。说而后散之，故受之以《涣》。涣者，离也。物不可以终离，故受之以《节》。节而信之，故受之以《中孚》。有其信者必行之，故受之以《小过》。有过物者必济，故受之《既济》。物不可穷也，故受之以《未济》，终焉。

杂　卦

《乾》刚《坤》柔,《比》乐《师》忧。《临》《观》之义,或与或求。《屯》见而不失其居,《蒙》杂而著。《震》,起也。《艮》,止也。《损》《益》,盛衰之始也。《大畜》,时也。《无妄》,灾也。《萃》聚而《升》不来也。《谦》轻而《豫》怠也。《噬嗑》,食也。《贲》,无色也。《兑》见而《巽》伏也。《随》,无故也。《蛊》,则饬也。《剥》,烂也。《复》,反也。《晋》,昼也。《明夷》,诛也。《井》通而《困》相遇也。《咸》,速也。《恒》,久也。《涣》,离也。《节》,止也。《解》,缓也。《蹇》,难也。《睽》,外也。《家人》,内也。《否》《泰》反其类也。《大壮》则止,《遯》则退也。《大有》,众也。《同人》,亲也。《革》,去故也。《鼎》,取新也。《小过》,过也。《中孚》,信也。《丰》,多故也。亲寡,《旅》也。《离》上而《坎》下也。《小畜》,寡也。《履》,不处也。《需》,不进也。《讼》,不亲也。《大过》,颠也。《姤》,遇也,柔遇刚也。《渐》,女归待男行也。《颐》,养正也。《既济》,定也。《归妹》,女之终也。《未济》,男之穷也。《夬》,决也,刚决柔也。君子道长,小人道忧也。

"崇文国学经典"书目

诗经	古诗十九首 乐府诗选
周易	世说新语
道德经	茶经
左传	资治通鉴
论语	容斋随笔
孟子	了凡四训
大学 中庸	徐霞客游记
庄子	菜根谭
孙子兵法	小窗幽记
吕氏春秋	古文观止
山海经	浮生六记
史记	三字经 百家姓 千字文 弟子规
楚辞	声律启蒙 笠翁对韵
黄帝内经	格言联璧
三国志	围炉夜话